KU-542-826

Syllu ar walia'

Llyfrgelloedd Caerdydd
www.caerdydd.gov.uk/llyfrgelloedd
Cardiff Libraries
www.cardiff.gov.uk/libraries

CAERDYDD
CARDIFF

FW

ACC. No: 02933078

Syllu ar walia'

FFION DAFIS

y Lolfa

Argraffiad cyntaf: 2017
Ail argraffiad: 2017

© Hawlfraint Ffion Dafis a'r Lolfa Cyf., 2017

Mae hawlfraint ar gynnwys y llyfr hwn ac mae'n anghyfreithlon
llungopïo neu atgynhyrchu unrhyw ran ohono trwy unrhyw
ddull ac at unrhyw bwrpas (ar wahân i adolygu) heb gytundeb
ysgrifenedig y cyhoeddwyr ymlaen llaw

Dymuna'r cyhoeddwyr gydnabod cymorth ariannol
Cyngor Llyfrau Cymru

Llun y clawr: Manon Edwards
Cynllun y clawr: Tanwen Haf

Rhif Llyfr Rhyngwladol: 978 1 78461 420 1

Cyhoeddwyd, rhwymwyd ac argraffwyd yng Nghymru gan
Y Lolfa Cyf., Talybont, Ceredigion SY24 5HE
gwefan www.ylolfa.com
e-bost ylolfa@ylolfa.com
ffôn 01970 832 304
ffacs 832 782

Cynnwys

Cyflwyniad

NID HUNANGOFIANT YDY hwn. Er bod y rhan fwyaf o'r darnau wedi eu sgrifennu yn y person cyntaf, pwy a ŵyr faint ohona i sydd ynddyn nhw go iawn? Darnau o'r cof a'r dychymyg wedi eu gwau ynghyd sydd yma.

Eistedd oeddwn i yng Ngŵyl Lenyddol Talacharn ychydig o flynyddoedd yn ôl, yn gwrando ar Grace Dent yn trafod ei llyfr newydd. Yn digwydd bod, roedd Meleri Wyn James, golygydd y Lolfa, yn eistedd drws nesaf i mi. Dechreuom siarad a thrafod. Mae'r llyfr yma wedi deillio o'r sgwrs honno. Mae amynedd Meleri wedi bod yn ddihafal wrth iddi dderbyn y darnau blith draphlith dros gyfnod o amser, a hynny yn oriau mân y bore yn aml, wrth i mi geisio dod o hyd i'r hunanddisgyblaeth angenrheidiol i ysgrifennu. Diolch, Meleri!

Er bod y llyfr yn cychwyn yn ysgafn, rydw i wedi treiddio i ambell le mwy tywyll ar hyd y daith, a dwi'n mawr obeithio y gall y darllenydd uniaethu â pheth o'r hyn sy'n cael ei ddweud. Mae pair o dechnegau yma, gan gynnwys ysgrifau, straeon byrion, ysgrifau teithiol a deialog, pob un yn dangos elfennau o dipyn o lanast o ddynes sy'n ceisio gwneud synnwyr ohoni hi ei hun a'r byd gwallgo o'i chwmpas!

Ffion Dafis
Medi 2017

Twrci a thameidiau eraill

MAE HI'N NOSWYL Nadolig. Mae hi'n hanner dydd a dwi'n cerdded a 'mhen i lawr mewn bŵts du uchel at fy mhengliniau. Daw'r bŵts hanner ffordd i fyny'r pâr o jîns tynnaf, butraf a mwyaf anweddus i mi eu gwisgo erioed, a hynny ddeuddeg awr cyn dechrau dathlu geni ein Gwaredwr. Mae 'ngwallt i'n flerach nag arfer, ac wrth graffu drwy lygaid coch ar fy adlewyrchiad yn ffenest y siop flodau ar gornel stryd Pontcanna, dwi'n sylweddoli bod y creadigaethau naturiol Nadoligaidd o'r Iseldiroedd, sydd wedi cael eu gostwng mewn pris o £25.99 i £17.50, yn werth mwy na'r hyn fyddai rhywun yn ei dalu amdana i. Ydw, dwi'n edrych fatha hwran. Un rad. Un hen. Un fudr.

Mae'r haul gaeafol yn trio'i orau glas i ddadmer y rhew a'r gweddillion eira brown ar stryd Severn Grove ac mae'r diawl bach haerllug yn mynnu goleuo pob rhych sych ar fy wyneb tocsig chwyddedig. Mae 'nhafod i fel llawr caets bwji a dwi' methu agor fy ngwefusau achos y gwaed sych sydd wedi casglu'n bocedi tywyll, un bob cornel. Dwi'n cyffwrdd fy ngên ac yn sylwi bod haenen uchaf y croen (yr epidermis – do, dwi wedi bod yn fa'ma o'r blaen) bellach yn sownd i'w stybl cringoch o rywle yr ochr arall i Cathedral Road. Grêt, mi fydd yn grachen gron galed erbyn Gŵyl San Steffan.

Wrth drio codi fy mhen yn uwch dwi'n dweud wrthyf fy hun nad oes rheswm i mi gywilyddio. Mae hi'n Ddolig. Dwi'n ei dreulio efo'r genod gorau yn y byd, dwi'n sengl a dwi ddim wedi brifo neb.

Damia! Wrthi'n sboncio allan o'i thŷ addurnedig hyfryd ar gornel Severn Grove mae Aws, fy ffrind mynwesol sobor a glân, yn mwmial ganu 'Seren Bethlehem' iddi ei hun wrth gerdded am yr Audi TT. Mae'n edrych ar ei ffôn a'i godi i'w chlust. Does gen i ddim amheuaeth pa ffôn marw na fydd y neges yna yn ei gyrraedd. Mae hi'n sefyll yn stond ac yn cyffwrdd ei gên megis Laurel neu Hardy, i ddangos i'r byd nad ydy hithau chwaith yn deall beth ddigwyddodd i'w ffrind neithiwr. All hi ddim mo fy ngweld. Ddim fel hyn. Bydd yr Audi TT yn troi ei drwyn tuag ata i unrhyw eiliad ac felly, mewn fflach oleuedig, dwi'n lluchio fy hun, à la Adam Jones mewn sgrym, i'r unig wrych byw ar y stryd. Aw! Wrth i'r Audi gychwyn am gyfeiriad Treganna dwi'n cofio'n sydyn 'mod i fod yn y car efo hi pnawn 'ma. Dyna'r slot prynu llysiau ges i ar 'Rota Nadolig y Genod' ryw bythefnos yn ôl. Roedd Aws i fod i fy nghodi am chwarter wedi deuddeg er mwyn i ni fynd i Waitrose. Am un o'r gloch mi fydden ni'n cyfarfod gweddill y genod yn y Cibo i wneud yn siŵr fod trefn ar bob dim ac, ar ôl i Awen wagio ei hoergell (trwy wared y myrdd o bwdinau a *chutneys* sy'n eiddo iddi), bydden ni'n galw heibio fy nhŷ i i gasglu'r...

Naaaaaaaaaaaaaaaaaaaaaaaaaaaaaaaaaaaaaaaaaaaaaaa!

•

'Twrci sydd 'da ti fan'na?'

'Ia.'

'Ma fe'n dishgwl yn un mawr.'

'Ha! Genod y gogs yn licio'u boliau!' Be dwi'n ddweud?

'Lan i'r gogs ma fe'n mynd?'

'Na, Dolig yn fa'ma efo ffrindiau 'leni. Tsienj.'

'Neis.'

'Ia, neis.'

'Wel, Nadolig Llawen i ti.'

'A chditha.'

'Ti wedi gwisgo'n smart i fynd i godi twrci.'

'Ha, ar fy ffordd allan ydw i gan bod 'na mond dau ddiwrnod i fynd tan y diwrnod mawr.'

'Joia.'

'Diolch, a chditha.'

'Ym... Sda ti amser am un drinc bach Nadolig sydyn, 'te?'

'Wel, 'sa well i mi...'

'Dere, mae'n Ddolig. Wy'n siŵr bydd y twrci'n iawn am ryw hanner awr.'

Naaaaaaaaaaaaaaaaaaaaaaaaaaaaaaaaaaaaaaaaaaaaaaaa!

•

A finnau'n sach datws yng nghanol y gwrych, dwi ddim yn sylweddoli 'mod i wedi yngan y 'na' oedd yn fy mhen. Mwy na'i yngan a dweud y gwir. Ei weiddi'n uchel ac yn glir fel bod y teulu bach hapus, sydd ar eu ffordd i ddosbarthu anrhegion i'w cymdogion a'u ffrindiau, yn stopio'n stond ac yn edrych i mewn i'r gwrych ar yr hyn sydd bellach yn ymdebygu i Big

Bird o *Sesame Street* ar ôl iddo sylweddoli nad oedd yn gallu hedfan.

'Are you ok…? O, sori, ydach chi'n iawn yn fan'na? Ydach chi isho help?'

Dwi'n rhannu'r wên fwyaf fedra i ei chreu, heb gracio ochrau fy ngheg yn llwyr, ac yn anadlu'n ddwfn. Yna, daw'r chwydfa eiriol fwyaf gwallgo o'r genau clwyfedig wrth i mi edrych yn syth i lygaid un o'r efeilliaid bochgoch sy'n syllu arna i'n gegrwth.

'Dyma be dwi'n gael am drio helpu Siôn Corn heddiw. Trio 'ngora glas i gael popeth yn barod iddo ar gyfer heno, a dwi ar gymaint o frys, mi lithrais i ar y rhew ac i mewn i'r gwrych.'

Mae'r bachgen naw oed yn edrych arna i yn yr un ffordd ag y mae fy nai yr un oed yn ei wneud pan dwi'n cogio 'mod i'n deall eu byd technolegol nhw. Alla i weld ei lygaid yn sganio fy nghorff. Ydy, hyd yn oed yn naw oed, ac yn amau bodolaeth y dyn mewn coch, mae hwn yn gwybod nad ydy bŵts a jîns fel hyn yn ymarferol ar gyfer y dasg a nodwyd. Nid ffrind i Siôn Corn mo hon. Dwi ddim yn siŵr beth oedd wedi siomi'r efaill arall fwyaf – bod Siôn Corn yn cymysgu efo'r ffasiwn wehil neu sylweddoli bod y ddynes sy'n gweithio yn y siop ar *Rownd a Rownd* yn hollol nyts!

Gafaelaf yn llaw agored y tad a diolch yn wylaidd drwy gyrtans o gyrls wrth iddo fy llusgo i fyny o'r mieri.

'Nadolig Llawen iawn i chi,' ychwanegaf a phoeri rhyw chwerthiniad bach ysgafn sy'n llwyr danlinellu mai doniol ac nid trasig ydy'r olygfa hynod maen nhw newydd fod yn dyst iddi.

Wrth lamu fy ail gam sigledig o'r gwrych mae sawdl y fŵt dde yn penderfynu ei bod wedi cael digon ac yn aros yn ei hunfan yn y rhew tra bod gweddill y fŵt dde a'r fŵt chwith yn mynd ar eu taith. Does gen i ddim mo'r galon i edrych yn ôl i gyfeiriad y teulu bach hapus, felly, dwi'n codi fy mhen yn uchel unwaith eto, yn ceisio gwenu efo ochrau fy ngwefusau crimp ac yn hopian i gyfeiriad y ffordd fawr.

Mae fy ffôn wedi marw, does 'na ddim tacsi ar gyfyl yr ardal, dwi wedi bod yn cuddio mewn gwrych, yn un lwmp o gywilydd, rhag un o fy ffrindiau gorau ac mae'r twrci, yr unig orchwyl mawr a roddwyd i mi gan y genod, mewn oergell, yn y cwt ar waelod gardd chwaraewr rygbi rhyngwladol sy ddim wedi gofyn am fy rhif ffôn, ac nad oes gen i gof o fath yn y byd ar ba stryd mae o'n byw. Mae gen i tua saith anrheg ar ôl i'w prynu, mae hi bron yn un o'r gloch y pnawn ar Noswyl Nadolig, does gan neb glem lle dwi 'di bod ers pump o'r gloch pnawn ddoe a dwi'n hopian adra mewn bŵts un sawdl yng nghanol eira mis Rhagfyr. Wrth edrych i fyny i gyfeiriad Romilly Road am dacsi, mae 'na ddyn, sy'n fy atgoffa o Dad, yn gosod baner ar y wal tu allan i Eglwys San Pedr ac arno'r geiriau, 'If you follow His star, it will lead you home'. Mae'r cyfan yn ormod i mi. Dwi wedi siomi fy hun a fy ffrindiau unwaith eto.

Ar ôl talu'r bil tacsi mwyaf yn hanes y byd am fynd â rhywun rownd y gornel, dwi'n eistedd yn y bath yn crynu, y ffôn yn adfywio wrth ochr y gwely a'r myrdd o negeseuon blin wrthi'n llifo i bigo'r cydwybod. Mae fflachiadau o neithiwr yn dechrau hawlio eu lle yn y pen blinderog. Y gwydr gwin coch a aeth yn ddwy botel ac ambell siot... Y fflyrtio digywilydd efo'r chwaraewr rygbi oedd wedi fy ffansïo i ers dyddiau *Amdani* – meddai o. Y ffôn yn marw a minnau'n datgan, 'Mae'n Ddolig, fydd y genod yn deall!' Soffas streips dieflig a'u labeli pris yn dal arnyn nhw yn ei stafell fyw rodresgar, teledu maint tanc rhyfel yng nghornel ei stafell wely goch, coesau heb eu siafio, ceseiliau heb eu siafio – mae'n Ddolig! A'r twrci. Y blydi twrci!

Mi siglwyd y deryn, druan, yn ei fag plastig Driscoll's rhwng dwylo horwth y bêl hirgron a finnau o far i far i lawr Cathedral Road. Yn y Cricketers mi blonciwyd het gracer binc ar ei ben a rŵan mae'n gorwedd (oherwydd diffyg lle yn oergell Smeg yr horwth), yng nghanol ei abwyd pysgota mewn oergell yn y cwt ar waelod ei ardd.

Facebook! Mae'n siŵr ei fod ar hwnna. Alla'i gael gafael arno fo a'r twrci fel'na!

'HAPPY XMAS PEEPS. HUNGOVER! ON MY WAY TO WEST WALES TO SEE THE FOLKS. 'AVE A GOOD ONE!!' XXXX

Naaaaaaaaaaaaaaaaaaaaaaaaaaaaaaaaaaaaa!

Alla i ddim anwybyddu galwadau ffôn y genod foment yn hirach. Dwi'n pwyso'r botwm wrth i enw 'Aws' ddisgleirio'n fygythiol ar y sgrin.

'God, o'r diwadd. Lle uffar ti 'di bod, Ffi, mae pawb yn poeni amdanat ti.'

'Sdim isho, dwi'n iawn.'

'Blydi hel, Ffi, ti'n swnio fatha dyn!'

'Dwi'n sori, Aws.'

'Yli, cyn bellad â bo chdi'n iawn. Ond plis paid â diflannu

fel'na eto heb ddeud. Gawn ni'r hanas heno, ia? W, gyda llaw, ges di'r twr–?'

Yr eiliad honno, mae'r llifddorau'n agor a dwi'n gaddo mai dyna'r tro olaf i mi siomi'r genod drwy ddewis mymryn o ffwlbri byrhoedlog.

Mae'r diwrnod mawr yn mynd rhagddo'n tsiampion a'r twrci 'di rhewi pitw o Asda yn gwneud y job yn iawn. Wir!

Na!

Chafodd fy rhieni fawr o drafferth efo fi pan o'n i'n tyfu i fyny. Mae yna strîc gwyllt iawn yndda i a dwi wastad wedi cael fy nenu at bobol wyllt sy'n gwthio'r ffiniau ond, yn y bôn, dwi'n reit geidwadol ac yn ymwybodol o fy ffiniau fy hun. Heblaw am ôl-gatalog sy'n cynnwys: cael fy nal yn dwyn yn Llandudno yn bedair ar ddeg... cael fy nal yn smocio yn yr ysgol yn bymtheg oed... Mam a Dad yn ffeindio potel o amyl nitrate yn fy mag yn ystod y flwyddyn gyntaf yn coleg... a methu'r ail flwyddyn yn dilyn diffyg cyflwyno saith gwaith cwrs... fe gawson nhw amser digon anghythryblus gen i.

Roedd tyfu i fyny mewn teulu hapus dosbarth canol Cymraeg yn gyfforddus a hawdd ac roedd yr ymgiprys anghyfarwydd â'r heddlu ac awdurdodau'r ysgol yn ychwanegu'r ddrama angenrheidiol i fywyd y ferch lawn asbri.

Er i mi ddatgan, wrth drafod y Mileniwm mewn dosbarth Bywydeg yn 1983, y byddwn – a minnau'n mynd i fod mor hen â 28 oed erbyn y flwyddyn dyngedfennol honno – yn briod â dau o blant erbyn hynny, tydw i erioed wedi gwirioneddol gredu hynny ym mêr fy esgyrn. Hyd yn oed pan oeddwn yn blentyn, a fy chwaer fach yn magu degau o ddoliau ac yn chwarae 'priodas' yn yr ardd gefn, doedd o ddim yn rhywbeth roeddwn i wirioneddol yn ei chwennych. Mae fy mherthnasau hirdymor i gyd wedi bod yn rhai i'w trysori ac mae pob un ohonyn nhw wedi fy siapio, ryw faint, nes fy mod y person ydw i heddiw. Ond tydw i erioed wedi dod yn agos at allu meddwl am ymrwymo i un person am weddill fy oes.

Dwi hefyd yn gorfod cyfaddef wedi blynyddoedd o bendroni, bod 'na rywbeth anaeddfed iawn amdana i pan mae'n dod at faterion carwriaethol. Dwi'n grochan plentynnaidd o styfnigrwydd, gorddamcaniaethu, safonau rhy uchel a diffyg safonau a dwi'n dal yn crefu cyffro. Mae bod yn onest am fy nheimladau'n broblem fawr i mi. Am ryw reswm dwi'n teimlo bod dangos 'mod i 'angen' rhywun yn wendid.

Anghofia i fyth fod yng nghefn tacsi gyda hen gariad a hwnnw'n gofyn, oriau ar ôl dod â'r berthynas i ben a minnau'n gafael yn dynn amdano, pam nad o'n i wedi dangos yn y gorffennol 'mod i ei angen fel hyn? Roedd wedi teimlo nad oedd yn ddigon i mi, ond y gwir amdani oedd 'mod i'n ei garu â phob tamaid o fy modolaeth a doeddwn i erioed wedi bod angen neb cymaint ag yr o'n i ei angen o yr eiliad honno. Doeddwn i erioed wedi dweud hynny wrtho. Ro'n i'n methu. Roedd hi'n rhy hwyr. Roedd ei galon wedi symud ymlaen at rywun fyddai'n ei rhoi hi yn ei phoced a'i chadw'n gynnes a saff am byth, ac roedd o'n haeddu hynny. Wrth fynd yn hŷn, dwi'n sylweddoli bod angen dweud wrth y bobol arbennig yn eich bywyd eich bod chi eu hangen nhw yn y bywyd hwn. Mae teimlo bod rhywun eich angen chi yr un mor bwysig â'r teimlad eich bod chi eu hangen nhw. Dwi'n hollol ymwybodol o'r broblem a dwi'n gweithio ar fod fel y genod mawr i gyd, ond dwi hefyd yn gwybod bod gwreiddyn y duedd hon wedi ei blannu ymhell iawn yn ôl.

Man cychwyn y diffyg oedd pan o'n i'n chwech oed. Roedd pobol pentref Dolwyddelan wedi trefnu parti ffarwél i'r prifathro ifanc oedd yn gadael yr ysgol fach gefn gwlad am borfeydd brasach dinas fawr Bangor. Dad oedd y prifathro hwnnw a doeddwn i ddim yn hapus o gwbwl efo'i benderfyniad hunanol. A dweud y gwir, ro'n i wedi crio'n solat yn nhoilet yr ysgol am dri mis cyfan ers i Mam a Dad dorri'r newydd echrydus i fy chwaer fach a minnau. Roedd fy eczema wedi penderfynu gwneud ei ymddangosiad mwyaf dramatig erioed i ddathlu'r digwyddiad. Roedd hyn yn gwneud fy ngwefusau'n debycach i rai merch Mick Jagger a Dolly Parton na merch Wil a Marian o Ddolwyddelan.

Coron y parti bondigrybwyll i blant y pentref oedd disgo lle byddai pob un o ddau ddeg tri disgybl yr ysgol yn chwyrlïo o gwmpas gyda'i gilydd, fel topiau gwallgo, gan gyrdlo'r pop a'r creision yn eu stumogau cyffrous ar yr un pryd.

Nid fi.

Roeddwn i mewn cariad dwfn efo Dafydd Efail Fach, ond oherwydd awch fy nhad i ddringo'r ysgol lwyddiant academaidd, roedd y garwriaeth yn gorfod dod i ben. Doedd perthynas ddaearyddol bell ddim yn mynd i barhau, yn enwedig gan y byddai o leiaf ddeng mlynedd cyn y byddai'r ddau ohonom yn gymwys i gael trwydded yrru a doedd y geiriau 'ffôn symudol', na 'ffôn' hyd yn oed, ddim yn ein geiriadur yn 1977.

A minnau'n gwisgo'r crys T brynodd ei fam i mi ar fy mhenblwydd ac yn grachan feddal weflog o glust i glust (ydych chi'n gweld patrwm?), eisteddais yn y gornel, yn un lwmp o hunandosturi, yn disgwyl i fy arwr groesi'r stafell a gofyn am ddawns. Ein dawns ffarwél. Dyma'r hogyn fferm penfelyn a afaelodd yn fy llaw o dan y bwrdd a chynnig ei lefrith cynnes i mi bob bore am ddwy flynedd gyfan. Edrychodd ei lygaid gleision i fyw fy llygaid cochion clwyfus a chamodd y coesau bach gwyn â phlastar Mr Bump ar bob pen-glin tuag ataf yn nerfus.

'T'isho dawnsio?' gofynnodd.

Roedd fy nghalon yn taranu a minnau'n cosi drosta'i diolch i'r eczema. Dyma fy moment fawr. Yn y chwe blynedd roeddwn i wedi bod ar y ddaear, fues i erioed isho rhywbeth gymaint â hyn.

'Na, dim diolch,' atebais.

Roedd y gwreiddyn wedi ei blannu.

A does dim wedi newid. Pan fo'r byd i gyd o 'mlaen dwi'n dewis dweud 'na'...

Mi ddof. Mi dyfaf i fyny ryw ddiwrnod. Gobeithio.

Meesicanwr

Dwi'n dri deg pump oed a dwi wedi penderfynu mynd ar gwrs astudio ffilm yn y New York Film Academy yn Efrog Newydd. Mae'n rhywbeth dwi 'di bod isho'i wneud ers blynyddoedd ac mae gen i bedwar mis rhydd yn 2007, felly dwi'n pacio fy mag ac yn ymbaratoi am antur. Mae'r penderfyniad i rentu stiwdio ar 3rd Street ym Manhattan yn mynd i lorio'r cyfrif banc ond, hei, mae'n brofiad bywyd a dwi isho bod reit yn ei chanol hi.

Anghofia i fyth y daith honno o faes awyr JFK i ganol Manhattan a fy nghip cyntaf o'r olygfa eiconig wrth ddod dros Brooklyn Bridge. Dwi'n mynd i fyw yng nghanol y bwrlwm yma o fis Medi tan y Nadolig.

Dwi'n gwybod o fewn munudau i eistedd yn y cylch anochel hwnnw. Dod i adnabod ein gilydd ar y diwrnod cyntaf yn y coleg ydy'r bwriad a gwn mai efo Aldo y Mecsicanwr a David y Ffrancwr y bydda i'n treulio'r pedwar mis nesaf. Dydy hoff ffilmiau'r Sbaenes (*Titanic*), yr Americanes (*The Sound of Music*) a'r boi o Bortiwgal (*Die Hard*) ddim wedi ysbrydoli'r Gymraes, felly, pan glywaf mai *Bombón: El Perro* ydy hoff ffilm y Mecsicanwr a bod 'anything by Cronenberg' yn cyfareddu'r boi o Baris, mi synhwyraf fod 'na botensial i gydweithio efo'r rhain. Mae fy mhedwar mis yn y ddinas sydd byth yn cysgu ar fin dechrau.

Roedd y ddau yma'n ymddangos yn ddiddorol, ac roeddwn i'n iawn. Mae David yn *très, très* Ffrengig, efo'i siots camera hir a'i ddawn i gyfleu emosiwn, tra bod Aldo o Mexico City yn *streetwise* a thanllyd ac yn creu ei ffilmiau efo'r un angerdd llwyr. Mae'r un angerdd yn rhan o gyfansoddiad Aldo Beni y tu allan i ddrysau'r coleg hefyd.

Pan ddaeth hwnnw i mewn i'r caffi ar Union Square, lle'r oedden ni'n ffilmio un bore ar yr ail wythnos, sigarét yn un llaw a model benfelen o'r Iseldiroedd yn y llaw arall, mi ddylswn i fod wedi sylweddoli o ba radd yr oedd ei wreiddyn, a'r gwreiddyn hwnnw wedi ei blannu yn nhir ifanc ffrwythlon Gorllewin Ewrop y noson flaenorol, dybia i, yn enwedig o weld bod y crys tywyll tyn roedd o'n ei wisgo ddoe yn dal i fod ar y corff tywyll tyn, a bod label y crys hwnnw bellach y tu chwith allan ac yn amlwg yn weledol i bawb a'i nain.

Mae'n gollwng llaw yr hyfrydbeth o Amsterdam, rhoi sws ar ei thalcen a dweud, 'Catch you later, chica'. Mae honno'n gwisgo ei sbectol haul wen, yn chwythu sws chwareus ac yn arnofio i ffwrdd ar awel fwyn ar afon Hudson.

Mae'n rhaid bod fy ngheg wedi llithro ar agor i'w safle arferol pan mae'n cael trafferth celu syndod, achos trodd Aldo ata i a syllu i grombil fy llygaid, gan ddatgan,

'She's my brother's friend. She's just arrived in New York on Tuesday and I say I show her some stuff.'

'Ha, I'm sure you showed her some very good stuff, Aldo bach,' taflaf ato. 'Right, pick up that camera and focus, Mr Mexico.'

Mae'n camu'n araf tuag ata i.

'You know where my real focus is, don't you, Ffion bach?' (Ydy, mae o wedi dysgu ambell air yn barod.) 'She doesn't matter. If only you would let me in.'

Y bygar bach!

Mae'r mis nesaf yn pasio a'r Ffrancwr, y Mecsicanwr a'r Gymraes yn datblygu i fod yn dîm creadigol effeithiol. Mae'n ffilmiau byrion yn tanio dychymyg y darlithwyr ac rydym yn treulio pob awr o bob dydd yng nghwmni ein gilydd yn trafod syniadau, yn adeiladu setiau ac yn rhedeg i Swyddfa'r Maer i gael caniatâd i ffilmio.

Mae dawn greadigol Aldo yn disgleirio fwyfwy bob dydd.

Mae ei linynnau storïol yn procio'r meddwl, ei ddewis cerddorol yn gweddu'n berffaith i'r thema bob tro, y ffordd mae'n saethu ei ffilmiau'n gyffrous ac yn ffres a dwi'n dechrau dod i weld y cadernid tawel sy'n rhan annatod ohono. Fo ydy ein tad ni oll. Mae pawb isho darn o Aldo. Mae ei storïau am ei fagwraeth galed yn Mexico City yn agoriad llygaid ac mae'r ffordd mae'n tynnu coes David am ei fywyd breintiedig yn un o ardaloedd mwyaf cyfoethog Paris yn berffaith. Mae'n glyfar ac yn eironig ac mae'r ddau ohonom ni'n bownsio oddi ar ein gilydd. Bellach, mae gynnon ni ein jôcs personol nad ydy hyd yn oed David yn eu deall a dwi'n taeru bod 'na ddefnyn o waed Cymreig ynddo fo'n rhywle. 'Ffion bach,' ydy fy nheitl llawn erbyn hyn a heblaw am ei wendid am dinau siapus o bob rhan o'r byd, mi fyddwn yn ymddiried ynddo'n llwyr pe byddai raid.

Mae fy stiwdio ar 3rd Street wedi dod yn ganolbwynt y digwydd i gyd. Gan fod y ddau arall yn byw yn Brooklyn, a'n lle i ddim ond bloc neu ddau o'r coleg, yma mae'r tri corff blinedig yn lluchio'u hunain i gysgu wedi sesiynau golygu tan oriau mân y bore wrth anelu at y Final Cut Pro. Dwi yn y gwely dwbl ac mae'r ddau ohonyn nhw ar *futon* dwbl ryw ddwy droedfedd i ffwrdd. Aldo sydd agosaf ata i bob nos ac mae'r ddau ohonom ni'n dal ein hunain yn syllu ar ein gilydd am funudau lawer yng ngolau egwan y parlwr tatŵ sy'n llifo drwy'r gwagle rhwng y llenni. Ambell noson mae'n dwylo'n ymestyn ar hyd y ddwy droedfedd sydd rhyngom ac mae'r ddau ohonom yn gwasgu bysedd chwyslyd ein gilydd yn dynn. Dim ond am ychydig eiliadau. Alla i ddim edrych i'w lygaid pan mae hyn yn digwydd ac alla i ddim egluro pam.

Erbyn canol yr ail fis, mae'r gystadleuaeth fud rhyngom ni'n tri a'r grwpiau eraill wedi cynyddu ac mae ambell un yn gofyn a gân nhw ymuno â ni i weld sut rydym ni'n gweithio. Wedi pwyllgor dros goffi yn y Green Deli dros y ffordd i'r coleg, fe gytunwn y byddai Marie o dde Ffrainc yn gaffaeliad mawr i'r grŵp. Er bod ei hoffter o ffilmiau cerddorol braidd yn anffodus, a'i thuedd i chwibanu drwy'r dydd yn mynd ar nerfau Aldo, mae'n hynod effeithiol wrth ei gwaith, yn chwip am drefnu trwyddedau ffilmio ar fyr rybudd ac yn actores dda, sy'n golygu nad oes raid i ni gyfweld myrdd o actoresau o gangen actio'r coleg ar gyfer ffilm fer David. Mae hefyd yn golygu bod corff arall yn ymuno â ni wrth roi pen i lawr yn Stiwdio 3rd Street. Dwi'n llwyddo i wneud yn siŵr mai Marie sy'n cysgu agosaf at y wal yn y gwely dwbl mae'n ei rannu efo fi, fel y gall y cyffyrddiadau bach trydanol barhau yn ystod y nos ac y gallaf weld amlinelliad corff cyhyrog Aldo yn y defnyn golau o hyd.

Y noson cyn bod rhaid i ni godi efo'r wawr i ffilmio'n Central Station mae'r ddau gorff Ffrengig yn anadlu'n ddwfn ac araf, un bob pen i Aldo a fi ac er nad ydy hi'n chwyrnu, mi ddaw rhyw lun o chwiban o fegin gwsg Marie.

'Ffi, are you awake?' mae Aldo'n sibrwd yn fwyn.

'Yes I am.'

'She even whistles in her bloody sleep.'

Dwi'n chwerthin yn dawel.

Saib.

'I can't take any more of this.'

'She's not that bad.'

Saib.

Mae Aldo'n codi ar ei eistedd ar y *futon*, ei frest yn noeth a'i wallt cyrliog du yn goron feddal flêr ar ei ben.

'You know what I'm talking about.'

Er nad ydw i'n gallu gweld ei lygaid yn llwyr, dwi'n eu teimlo nhw'n chwilio am ganol fy rhai i.

'Hold my hand.'

'Please don't do this, Aldo.'

'What are you afraid of?'

'You.'

'Hold my hand and look at me.'

Ac yn ystod yr eiliadau o drio fy ngorau i beidio â ffeindio ei lygaid, mae'n digwydd. Mae'r bysedd yn ymgloi a'r llygaid yn cyfarfod ar yr un pryd yn y defnyn golau ac mae fy nghorff innau'n gwegian wrth i bob cyhyr, pob nerf a phob blewyn ar fy mhen ddweud na alla i ei baffio bellach. Dwi'n tynnu fy llaw yn ôl yn sydyn a'i chribo trwy fy ngwallt.

'O God,' dwi'n yngan, gan wybod ei bod hi ar ben.

'I'm going for a cigarette on the roof. It's up to you, Ffioncitta. You know what I want.'

Wrth esgyn y grisiau dur ar ochr y stiwdio mae 'nghalon i'n curo yn fy nghlustiau ac alla i ddim peidio â chymryd eiliad i edrych o'm cwmpas a gwenu ar yr hyn sy'n syllu 'nôl. Mae'r Empire State yn chwerthin yn braf iddo ei hun wrth weld y filfed ferch yn dringo'r milfed gris gan feddwl ei bod mewn ffilm. Mae pob gris yn dweud wrtha i na fydd pethau byth yr un fath rhyngom ni eto. Alla i edrych arno'n sbio ar bob tin siapus sy'n ei basio heb deimlo eiddigedd? Fydd y deinameg rhwng y tri ffrind yn gweithio ar ôl heno? Fydd o'n dal i fy ngalw i'n 'Ffion bach' efo'r un anwyldeb?

Agoraf y drws sy'n arwain i'r to ac yno mae'n eistedd ar gadair y gofalwr, yn dal paced sigaréts yn ei law ac yn clicio'i leitar yn afreolus.

'Look at that view, Ffioncitta. Isn't it amazing?'

'Mmm.' Does 'na ddim byd arall yn fodlon dod allan a dwi'n sylweddoli bod fy nghoban wen yn dryloyw yng ngoleuadau uchel y ddinas a'r awel yn ei chodi'n uwch na be mae o wedi ei weld o'r blaen i ddatguddio coesau gwyn blewog gwahanol iawn i rai'r fodel o Amsterdam oedd yn ffrind i'w frawd. Mae'n clicio'i leitar eto a gwelaf yr hogyn bach ynddo. Mae'r hyder arferol wedi diflannu ac mae ei ddwylo'n crynu. Mae'r llygaid duon yn fy hoelio ac am yr eilwaith mewn deufis dwi'n gadael iddyn nhw wneud. Mae'n edrych fel dyn gwahanol ac mae pob cwestiwn ac amheuaeth cyn belled o 'mhen ag y mae Cymru fach.

'I love you, Ffion. I've felt it since that day you looked at me with that other girl. I love you.'

O Dduw mawr erioed. Dyma sut mae Mecsicanwyr yn ei wneud o, ia? Mae'r geiriau annisgwyl yn fy hitio rhwng fy asennau. Llyncaf fy mhoer er mwyn cael amser i feddwl ond o nunlle, ac mewn llais cliriach nag erioed, mae'n saethu allan, 'I love you too. I know I do.' Ac mi roeddwn i.

A dyna'r tro cyntaf i'r geiriau ddod allan yn Saesneg, wrth ddyn nad oeddwn i hyd yn oed wedi ei gusanu eto, a hynny yng ngŵydd yr Empire State Building. Roeddwn i wedi syrthio dros fy mhen a fy nghlustiau mewn cariad efo *lothario* o Ganolbarth America oedd wyth mlynedd yn iau na fi! Clyfar iawn, Ffion!

Sych?

YR EILIAD Y rhoddais fy mhen ar y glustog, mi agorodd y llifddorau a doedd dim posib eu cau. Am y tro cyntaf ers bron i dri degawd dwi'n sylweddoli bod yn rhaid i bethau newid. Mae'n rhaid i MI newid ac mae'n mynd i fod yn dasg anodd. Mae'n rhaid dad-wneud deng mlynedd ar hugain o batrwm ymddygiad sydd wedi fy nal yn ôl a bygwth fy natblygiad fel person.

Mi ddigwyddodd rhywbeth heno oedd yn hollol annisgwyl. Mae'n amlwg 'mod i wedi bod yn chwarae â'r syniad am sbel ond heno daeth popeth i'r wyneb. Ym merw'r dagrau, gwelaf y gwir yn glir a does dim troi yn ôl.

Mae alcohol yn broblem.

...ac mae'r amser wedi dod i dorri'r llinyn bogail rhyngdda i a chyffur sydd wedi llifo drwy'r gwythiennau ers fy mod yn un ar bymtheg oed.

Mae gen i ofn... Mae'r dagrau'n dechrau eto wrth i mi gychwyn ysgrifennu a rhoi'r geiriau ar bapur. Am y tro cyntaf, dwi'n wynebu'r gwir bod y berthynas ddinistriol yma'n bodoli a dwi'n gwybod nad ydw i ar fy mhen fy hun yn y cawdel hwn.

Yn anffodus tydi fy stori ddim yn un anghyffredin. Rydw i, fel nifer o gyfoedion, yn ymddangos yn hyderus, yn lled-lwyddiannus ac yn hapus. Dwi'n ferch sy'n grêt mewn parti, er yn dueddol o fynd dros ben llestri a cholli rheolaeth o bryd i'w gilydd. Ond, yn amlach na pheidio, mae pen draw 'diod bach diniwed efo ffrindiau' yn golygu methu cofio dim, ac yna treulio dyddiau yn ymdrybaeddu mewn hunandosturi masocistaidd a phoenydio diddiwedd wrth geisio ail-greu'r noson yn fy mhen a rhoi'r jigso yn ôl at ei gilydd.

Ydy hyn yn fy ngwneud i'n hapus? Ydw i'n poeni faint dwi'n yfed? Ydw i wedi cael digon ar golli rheolaeth ac ydy hyn yn effeithio ar fy mherthynas ag eraill?

Mae'r ffaith bod y cwestiynau yma ar y papur o gwbwl yn golygu 'mod i'n gwybod yr ateb yn barod. Ond ydw i'n ddigon cryf i roi'r gorau i ffrind sydd wedi bod yn rhan bwysig o 'mywyd ers blynyddoedd mawr? Mae'n fy nychryn yn llwyr i feddwl troi fy nghefn ar hylif sydd wedi lliwio pwy ydw i ers cyhyd, yn gymdeithasol ac yn bersonol. Bydd yn rhaid i mi ddod i adnabod fy hun unwaith eto. Dwi am wybod beth ydw i'n ei deimlo go iawn heb ddim byd ond sobrwydd i fy arwain.

Mae ambell berson dwi'n ei adnabod wedi gwneud y penderfyniad dewr i stopio yfed. Bu un o fy ffrindiau'n rhydd o grafangau'r ddiod gadarn ers blwyddyn a hanner o ganlyniad i dorri braich heb allu cofio sut ddigwyddodd hynny. Roedd un arall wedi anghofio codi ei phlant o'r ysgol, ar ôl i un gwydraid o win yn yr haul efo ffrindiau droi'n ddwy botel mewn gardd gwrw gynnes. Nid eithriadau ydy'r rhain. Mae 'na nifer fawr ohonom ni ferched Cymru, yn ddi-blant ac yn famau, yn deffro yn y bore ac yn ofni wynebu'r diwrnod oherwydd digwyddiadau'r noson gynt.

Roedd gen i wastad awch at fywyd wrth dyfu i fyny ac

mae fy nhempo mewnol wedi bod yn sydyn a byrbwyll erioed. Dwi'n bwyta'n sydyn, dwi'n siarad yn sydyn, mae meddyliau'n gyrru'n wyllt drwy'r pen 'ma ac, er mawr boendod i fy ffrindiau a fy nheulu, dwi'n yrrwr car sydyn. Felly hefyd y tempo yfed. Roeddwn i'n arfer ymhyfrydu yn y ffaith i mi ennill y gystadleuaeth clecio peint yn y Steddfod Dafarn Ryng-golegol dair blynedd yn olynol (a fy chwaer yn dod yn ail agos o drwch un llwnc pan ddaeth hi i'r flwyddyn gyntaf ddwy flynedd ar fy ôl). Dyma sut rydw i wedi yfed o'r dechrau. Dwi'n synhwyro nad y fi yw'r unig un.

Mi ffurfiwyd y patrwm yfed yn ifanc iawn. Bu'n rhywbeth i'w wneud i'r eithaf o'r cychwyn. Yn ddiniwed, byddai Mam a Dad yn ein gollwng y tu allan i sinema'r Plaza, Bangor ond byddai ein noson ni'n cychwyn drwy redeg i fyny i Fangor Uchaf, i'r Offi oedd yn fodlon gwerthu alcohol a sigaréts i rai dan oed. Yna, i'r parc wrth ymyl y Brifysgol i lowcio White Diamond a Strongbow ac i fagu digon o hyder i'w lordio hi i mewn i ganol y myfyrwyr yn y Glôb a'r Vaults, i fflyrtio a mwydro – ac i chwydu yn y toilets, golchi fy ngheg efo'r hylif gwyrdd rhad o'r daliwr sebon ar y wal a ffonio Mam i ddweud ein bod ni wedi cerdded i Fangor Uchaf i nôl *chips*.

Wrth fynd yn hŷn mae'r ddiod wedi newid. Daeth tynfa at boteli gwin drud yn lle White Diamond a Strongbow, ond yr un ydy'r feddylfryd. Mwynhau i'r eithaf. Anghofio am bryderon y byd ac ildio i'r teimlad bendigedig 'na o fynd fymryn yn simsan a sili. Mae'r byd a'i bethau diflas yn diflannu a dwi'n cael fy nghyffroi wrth sylweddoli 'mod i'n fwy doniol, yn fwy diddorol ac yn fwy deniadol. Pe byddai gen i dap ar fy mhen, a hwnnw'n cau wedi i mi lyncu'r trydydd gwydraid, byddai bywyd yn hawdd. Ond dibynnu ar allanolion i'm hachub fyddai hynny mae'n siŵr. Y broblem ydy, pan fo'r ddiod gyntaf yn llithro i lawr, mae'r meddwl rhesymol yn diflannu. Does dim tap, na rhywun yno i ddweud wrtha i am gau y tap hwnnw chwaith.

Mi ydw i, fel lot fawr o ferchaid o bob oed, wedi ffeindio ein cylch yfed bellach... y genod rheiny sy'n mwynhau gwneud yr un peth ac i'r un graddau. Drwy doddi i ganol criw anfeirniadol mae'r rhai sy'n magu problem yn gallu llithro o dan y radar.

Mae'r rhan fwyaf o bobol yn yfed, i leddfu ychydig ar bryderon a diflastod dydd i ddydd ein bywydau prysur. Mi fyddwn i wrth fy modd yn gallu gwneud hynny bob hyn a hyn a mwynhau'r profiad heb fynd yr un cam yna'n bellach yn amlach na pheidio. Dwi wedi diflasu ar droi mewn cylchoedd meddyliol dinistriol sy'n gwneud i mi gwestiynu fy ngallu, fy nghreadigrwydd a fy mhersonoliaeth. Dwi isho cael gwared o'r diawl bach sy'n graddol ddwyn fy mhersbectif ar y byd a phwy yn union ydw i.

A dyma fi wedi cyrraedd fa'ma. Mae albwm Cian Ciaran yn chwarae am y trydydd tro heb i mi sylwi ac mae hi'n bedwar o'r gloch y bore erbyn i mi sylweddoli'r gwir. Dim ond dau wydraid o win gwyn ydw i wedi'u hyfed heno, ar ôl bod mewn noson fawreddog mewn gwesty swanc yn y ddinas, a dwi wedi sylweddoli cymaint mae diod yn effeithio arnan ni, Gymry Cymraeg. Oherwydd salwch, a dos o antibiotics, roedd dau wydraid yn fwy na ddylwn i fod wedi ei yfed. Wrth wrando ar siarad cachu ailadroddllyd cyfoedion a phobol amlwg ein cenedl, mi gliciodd. Rydym ni'n genedl o feddwon a dwi wedi cael llond bol. Tydw i ddim am eiliad yn awgrymu bod gan un o'r bobol roeddwn i'n siarad â nhw broblem yfed o fath yn y byd. Roedd hi'n noson gymdeithasol lle roedd y gwin am ddim yn llifo, ac mae gan bawb hawl i ymlacio a'i gorwneud hi o bryd i'w gilydd. Fel arfer, mi fyddwn i yn eu canol, yn siarad mwy o gleber wast na'r un ohonyn nhw, ond fyddwn i ddim wedi gallu stopio ar ôl y botel gyntaf 'na. Byddai'r noson yn arwain yn anochel at daith dacsi hwyr i glwb sy'n agored tan bedwar y bore, a byddai gwydraid arall wedi ei dollti o flaen y tân ar ôl cyrraedd adra. Byddai'r llygaid yn cilagor am wyth y bore wrth i mi sylweddoli, unwaith eto, 'mod i yn yr un dillad â'r noson gynt, y golosg wedi marw yn y grât, ac am hanner eiliad erchyll byddwn yn dal fy hun yn sganio'r stafell i weld a oedd corff arall yn gwmni.

Bore 'ma, am bedwar o'r gloch y bore, criais mewn rhyddhad. Mi gododd pwysau mawr oddi ar fy ysgwyddau wrth i mi deall mor ddibwrpas ydy yfed i'r fath eithafion. Mae'r sgyrsiau gefais i efo'r rhai oedd yn sobor heno wedi fy sbarduno i benderfynu bod yn sobor fy hun. Dwi am gael sgyrsiau gwerth chweil efo pobol sy'n rhan o fywyd go iawn, heb orfod altro fy meddwl. Dwi'n sylweddoli bore 'ma 'mod i wedi dioddef, ac wedi colli persbectif, oherwydd fy mherthynas ddinistriol efo alcohol. Drwy fwynhau bod yn sobor, dwi'n sylweddoli ei bod hi'n hen bryd camu o'r cylch yma unwaith ac am byth, a darganfod pwy ydy'r Ffion sobor, y Ffion go iawn.

Mae'r amseroedd da dan ddylanwad alcohol yn mynnu fflachio o flaen fy llygaid. Sut alla i fyw heb y prynhawniau heulog difyr, yn llowcian gwin pinc efo ffrindiau wedi diwrnod o waith? Beth am ein tripiau gwersylla a ninnau'n agor potel o flaen tân agored o dan y sêr? Sut alla i ddioddef mynd i ddinas Ewropeaidd a cherdded ei strydoedd hynafol heb flasu'r gwin lleol mewn caffi bach ar y stryd, a beth am y partïon pen-blwydd a'r ciniawau dydd Sul diog mewn tafarnau yng Nghaerdydd? Beth am Ddolig, Steddfod, gwyliau, dathliadau gwaith, nosweithiau gaeafol ar fy mhen fy hun, nosweithiau hafaidd…? Beth am, beth am, beth am…?

Beth am y prynhawn dydd Sul 'na y cefais fy nghario allan o dafarn ym Mhontcanna, yng ngŵydd teuluoedd parchus, a hithau ond yn bump o'r gloch, o ganlyniad i'r poteli gwin coch? Beth am y tro yr es ar fy ngwyliau i ynys baradwysaidd ar fy mhen fy hun, a deffro ar y traeth â'r môr wedi cyrraedd fy nghanol? Beth am y tro y deffrais yn un o westai gorau Caerdydd efo potel *champagne* a chyfarwyddwr teledu adnabyddus wrth fy ochr? Beth am y noson y cysgais o flaen y tân a llodrau fy jîns yn prysur ddal y fflamau yn y grât? A beth am yr holl foreau arteithiol, fy ngheg yn sych grimp a phob cyhyr a chymal yn gwegian mewn poen?

Faint o weithiau ydym ni'n dweud wrthym ein hunain ar ôl noson fawr y bydd pethau'n wahanol y tro nesaf? Dim ond i ni roi mymryn o reolau yn eu lle. Dwi wedi trio peidio ag yfed gwin ar nosweithiau allan, a dewis gwirodydd dwi'n eu casáu yn ei le. Dwi wedi trio cyfyngu'r yfed i'r penwythnosau yn unig, ac wedi trio prynu poteli gwin bach yn Tesco, er mawr ddiddanwch i mi ac i'r ferch sy'n gweithio wrth y til. Dwi hyd yn oed wedi llwyddo i fod yn sych drwy fis Ionawr dair blynedd yn olynol, gan obeithio y byddai'r wefr o fod yn ddialcohol yn parhau drwy'r flwyddyn. Dim ond twyllo fy hun ydw i.

Wrth neidio allan o'r gwely bore 'ma, mae rhyw deimlad hunangyfiawn yn llifo drwy'r corff. Ond mae pob gris, wrth i mi gerdded i lawr i'r stafell fyw, yn dod â'i broc bach o amheuaeth ei hun. Dwi'n sylweddoli na fydd hyn yn hawdd.

Pan roddais y gorau i smygu, wedi dros bymtheg mlynedd o bwffian trwm, dwi'n cofio mor hawdd oedd y weithred unwaith i mi wneud y penderfyniad mawr. Tydw i ddim wedi cael fy hudo unwaith i roi ffon fach wen yn fy ngheg, a hynny er mai'r peth cyntaf oedd ar fy meddwl yn y bore am flynyddoedd oedd sicrhau fy *fix*.

Mae'r cyffur yma'n wahanol.

Mae hwn wedi trawsnewid fy meddwl, fy ymddygiad a 'nghorff ers tri degawd.

Dwi'n sylweddoli 'mod i ar fin mynd ar daith i ddarganfod fy hun, ac mae gen i ofn methu, ond wrth deipio'r geiriau, dwi'n sylweddoli 'mod i'n eu rhoi ar gof a chadw am reswm. Dwi'n sylweddoli y bydd achlysuron cymdeithasol ac agweddau ffrindiau yn anodd ar y cychwyn, ond mae'n rhaid i mi weld a ydy hyn yn bosib. Yn anffodus mi ydw i'n gweld llawer gormod o ferched cryf o'm cwmpas sydd wedi syrthio i'r un trap â fi, ac sy'n gweld hapusrwydd yn llithro ymaith o flaen eu llygaid.

Edrychaf ymlaen at allu rheoli fy mywyd unwaith eto, at beidio â byw o un sefyllfa gyffrous i'r llall. Tydw i ddim angen yfed i ehangu fy mhersonoliaeth nac i osgoi swildod, i drio gwneud pobl anniddorol yn ddiddorol a sefyllfaoedd gweddol yn ddigwyddiadau hynod. Dwi am weithio ar fod y person dwi'n amau sy'n llechu y tu mewn, a'i llusgo allan yn sobor ac yn falch. Dwi wedi byw fel hyn yn rhy hir, a hwyrach bod aros yr un fath yn llai dychrynllyd na chamu i dir newydd sydd heb ei gyffwrdd. Mae meddwi cyhoeddus mor dderbyniol yma yng Nghymru fel nad ydym yn sylweddoli bod problemau gwirioneddol yn llechu o dan yr wyneb. Mae'n hen bryd i mi daclo fy rhai i.

Beth os?

Wrth gau'r drws a chamu allan i'r nos dawel gan adael y bwrlwm, y ffraeo a'r chwerthin y tu ôl i mi, daw'r hen felan drosta'i unwaith eto a'r hen genau bach o gwestiwn sydd wedi cnoi a chrafu dros y blynyddoedd. Beth os?

Mae'r cysyniad o'r awch cynhenid sydd ynom ni fel merched i gael babi yn un cyfarwydd iawn. Onid ydy'r byd yn bodoli ar storïau emosiynol am ferched sydd wedi darganfod eu hunain ac wedi dod yn fodau cyflawn ar ôl esgor ar blentyn?

Mae merched sydd heb gael plant yn dal yn dabŵ mewn cymdeithas sy'n rhoi cymaint o bwysau ar genod i fod yn famau. Wedi cyrraedd oedran arbennig, mae bron yn ddisgwyliadwy i fenyw fod wedi esgor ar blentyn ac mae'r teimlad o orfod cyfiawnhau fy sefyllfa ddi-blant yn un sy'n fy niflasu a'm tristáu ar yr un pryd.

Mae cymdeithas yn newid a merched di-blant yn dod yn fwyfwy cyffredin am nifer o resymau. Ni ddylai unrhyw ddynes orfod egluro pam ei bod yn ddi-blant ond mae'r pwysau cymdeithasol a'r cwestiynu yn gallu teimlo'n llethol o bryd i'w gilydd. Ydw i wedi methu â chyflawni'r orchwyl o fod yn fenyw gyflawn? Ai esgor ar blentyn yw'r unig beth sy'n ein gwneud yn fenywod go iawn?

Wrth gael fy lluchio i ganol môr o ferched yn trafod eu plant, a fy amgylchynu gan gyfryngau cymdeithasol sy'n cymryd yn ganiataol (oherwydd fy oedran) 'mod i am gael fy mheledu ag erthyglau am fuddiannau bron fwydo a phrisiau cewynnau, ydw i i fod i deimlo i mi siomi fy rhywogaeth? Mae cylchgronau a rhaglenni trafod i ferched yn hoff o enwi merched adnabyddus sydd heb gael plant, a cheisio darganfod rheswm am y gwacter epiliol hwn – merched sydd wedi canolbwyntio'n ormodol ar eu gyrfa, merched sydd ag anhwylderau sy'n eu hatal rhag ffrwythloni, merched sydd wedi cael eu siomi gan ddynion a merched sy'n 'rhy galed' yn ymddangosiadol i fod â'r awch mwyaf cyntefig yn y byd. Rhaid chwilio am y rheswm.

Doeddwn i ddim wedi cynllunio pethau fel hyn. Nid dewis mawr oedd peidio â bod yn fam. Yn syml, mi ydw i, fel llawer o ferched, wedi gadael pethau'n rhy hwyr. Mae'n siŵr 'mod i wedi cymryd yn ganiataol y byddai'n digwydd rywbryd ond wnes i erioed roi digon o ffocws i'r peth.

Yn fy ugeiniau roeddwn i'n rhy brysur yn mwynhau fy hun ac yn gwrthod cynigion dynion. Roeddwn i am weld y byd a pheidio â chael fy nghyflyru i fod yn wraig a mam. Wnaeth y syniad ddim fy nharo o gwbwl yn fy nhridegau chwaith. Roedd y byd a'i bethau yn gae chwarae parod ac fe fuddsoddais mewn perthnasau dwfn efo fy ffrindiau benywaidd. Yn raddol byddai'r rhain yn ffeindio partneriaid ac fel arfer yn dechrau teulu. Roeddwn i mor hapus drostynt. Wedi'r cyfan, mae'n siŵr y byddai'n dod i fy rhan innau yn ei dro, er nad es i chwilio amdano erioed. Hyd yn oed pan ddathlais y pedwar deg mawr, doedd dim panig nac awchu mewnol. Ddim unwaith y gwaeddodd fy ofaris y gair 'mam'.

Roeddwn i'n hapus i gyfarfod ambell ddyn dros dro, gan

sylweddoli nad oedd yr un ohonynt yn fwy na dantaith i aros pryd. Ddaeth neb yn agos at fod yn un y gwelwn fy hun yn gyd-riant ag o.

Tydw i ddim yn 'yrfaol uchelgeisiol' fel y cyfryw, label mae llawer o ferched di-blant yn ei gael i'w wisgo'n dalog ar eu talcen. Na, doedd cael plentyn ddim yn rhywbeth NAD oeddwn i isho ond yn hytrach yn rhywbeth nad oeddwn i isho ddigon i wneud unrhyw beth ynglŷn ag o. Tydy hynny ddim yn dweud nad ydy'r dychymyg wedi rhedeg yn wyllt dros y blynyddoedd wrth i mi fod yng nghwmni plant fy ffrindiau a'm teulu a gwybod y byddwn yn gallu gwneud tro da os nad gwell ohoni! Wrth gwrs mi fyddwn i'n gyfuniad perffaith o fam lawn hwyl ond awdurdodol, yn greadigol ac addysgiadol, a byddai Iago Hedd a Miri Fflur yn dalpiau bach egnïol gwallt cyrliog, doniol, galluog a hynod gwrtais!

Mewn caffi efo ffrind agos, di-blant ar fore Sadwrn glawog yn ddiweddar, wrth i ni lowcio ein *capuccinos* a'n *Danish pastries* wedi noson yn bwyta stêcs ac yfed gwin coch, mi lyfais fy ngweflau melys a jocian:

''Dan ni i fod mewn rhyw blydi gala nofio rŵan, yn gweiddi fel mamau gorffwyll ar y bychan yn lên chwech yn cystadlu yn ei ras pili pala o dan ddeuddeg oed.'

Roedd ymateb fy ffrind yn berffaith:

'Ia, falla ma fan'na 'dan ni i fod, ond ai fan'na 'dan ni isho bod?'

Yr eiliad honno, wrth chwerthin yn uchel, yn rhydd a digyfrifoldeb, roedd yr ateb yn amlwg.

Ond, a ydym ni'n cael ein gweld fel merched hunanol? Mae'r Pab Francis yn sicr ei farn am hynny! Ychydig flynyddoedd yn ôl fe wnaeth ddatgan, yn gyhoeddus, bod y penderfyniad i beidio â dechrau teulu yn arddangos elfennau hunanol a barus iawn... a hyn gan ddyn sydd ddim hyd yn oed yn cael rhyw! Mae'n hen bryd i ni beidio â chael ein pwyso a'n mesur o bob cyfeiriad.

Fe ddaeth ton o awchu drosta'i tua dwy flynedd wedi camu dros drothwy'r deugain oed, wrth i mi sylweddoli bod y 'fraint' o ddewis bod yn fam neu beidio yn prysur gael ei dwyn oddi arnaf. Am gyfnod byr roedd pob dyn y deuthum ar ei draws yn cael ei sganio'n anymwybodol gan bwerau cudd fy oferis. A oedd hwn yn gymwys i fod yn dad i fabi nad oeddwn yn rhy sicr 'mod i isho beth bynnag? Mae'n ddiddorol beth mae dynes yn ei grefu pan mae'r hawl i gael y peth hwnnw ar fin diflannu. Ro'n i'n flin am sbel nad o'n i'n barod i gael fy amddifadu o ddewis nad oeddwn i'n barod i'w wneud.

A dyna ofyn y cwestiwn i mi fy hun: ydw i'n mynd i deimlo'n gyflawn heb gael plentyn?

Roedd yn rhaid palu'n ddwfn a wynebu pa gwestiynau oedd yn llechu yn y pen cymysglyd.

A oeddwn i'n mynd i ddechrau awchu a galaru yn fy mhumdegau pan y byddai'n sicr yn rhy hwyr? A fyddai unigrwydd a diffyg etifeddiaeth yn dod i'm brathu yn fy chwedegau? A oedd mabwysiadu neu chwilio am opsiynau rhoddwyr sberm yn llwybrau roeddwn am eu troedio, ac a fyddwn i'n gallu dioddef mwy o'r mamau sy'n methu gweld yn bellach na thiriogaeth eu bydoedd bach teuluol perffaith?

Do, fe ddaeth y don o amheuaeth ac archwilio eneidiol, ond o rywle daeth y lleddfu ymenyddol dwi'n grediniol bod rhai merched yn ei brofi i'n helpu i dderbyn ein sefyllfa. Wedi cyfnod o droi a throsi daeth rhyw don orchuddiol drosta i ac fe giliodd y dyheu wrth i mi agor fy llygaid a gwerthfawrogi beth oedd gen i.

Pwy a ŵyr na fydda i'n awchu neu'n dychmygu eto yn y dyfodol, ond dwi wedi byw yn ddi-blant ers pedwar deg pump o flynyddoedd ac wedi byw bywyd llawn. Mae'n fywyd gwych, yn llawn ffrindiau, diwylliant, teithio a dyheadau. Tra pery'r rhain, fe bery fy awch am fywyd a llawnder yr hunan. Oes, mae yna damaid bach ohona i sy'n dal heb gael ei ddefnyddio, efallai, a chariad a doethineb oddi mewn i mi na chaiff ei fynegi fyth, ond mi ydw i wedi strwythuro fy myd o gwmpas hynny. Dwi'n dysgu rhywbeth newydd bob dydd ac mae'r byd a'i bethau yn fy nghyffroi.

Wrth edrych arnom ni sy'n ddi-blant, does dim rhaid i chi dristáu na gofyn pam. Dwi ddim yn adnabod unrhyw un fyddai'n honni bod ganddyn nhw bopeth mewn bywyd. Dwi'n fwy na bodlon ar beth sydd gen i: o'm rhyddid a'm gyrfa i deulu clos a chymuned gynnes o ffrindiau agos. Ffion sydd â'i ffiol yn llawn.

Fy ennyd yn India

MAE CYFLEU TEIMLADAU am wlad fel India mewn un ysgrif yn amhosib. Mi ddywedodd y dyn doeth a eisteddodd drws nesaf i mi ar daith o fewn y wlad ei fod wedi bod yn teithio i India am dros ugain mlynedd ac nad oedd yn ei deall hi byth. Ond y peth pwysig, meddai o, oedd ei fod yn dysgu rhywbeth newydd amdani bob tro. Dim ond am ychydig wythnosau y bûm i o fewn ei ffiniau ac mi chwalwyd fy mhen, yn y ffordd orau bosib. Beth bynnag ddyweda i am y wlad gyfareddol hon, mae'r gwrthwyneb hefyd yn wir. Mae hi'n wlad o baradocsau. Dyma fymryn o fy stori i.

Dwi'n meddwl bod rhannu tamaid o'r e-bost a anfonodd y bardd Karen Owen ata i cyn i mi gychwyn ar fy nhaith yn lle da i gychwyn. Roedd ei geiriau am India yn aml yn sboncio i'r meddwl wrth i mi geisio deall ei phobol, ei gwleidyddiaeth a'i biwrocratiaeth hi. Yn yr e-bost mae Karen yn fy rhybuddio am 'wlad o gastiau, felly paid â chymryd dim lol. Mae'n wlad o dlodi hefyd, felly bydd rhaid dod i arfer yn sydyn (yn anffodus) efo pobol yn begera. Ond mae'n wlad hardd a hen iawn, iawn. Gwna'r mwyaf o bob eiliad a gwna'n siŵr dy fod yn dod adra'n saff efo lot o straeon.' Iawn.

Roeddwn i wedi bod isho teithio i India ers blynyddoedd, ond am ryw reswm roedd arna i ofn wynebu'r daith. O glywed straeon pobol eraill ac o adnabod fy hun, roeddwn i'n gwybod y byddai'r lle'n cael argraff aruthrol arna i. Roedd rhaid teithio i amryw o wledydd cyn bod yn barod am hon. Roeddwn i hefyd yn gwybod 'mod i isho mynd yno ar fy mhen fy hun ac felly roedd yn rhaid i'r amser fod yn iawn... Roeddwn i am brofi pob eiliad, blas a lliw efo dim ond fy llygaid fy hun, heb farn person arall i lywio fy mhrofiad. Fe wyddwn hefyd nad oeddwn am fod yn dwrist yn unig. Roeddwn i am brofi'r wlad mewn ffordd ddyfnach, rywsut. Penderfynais mai gwirfoddoli oedd yr ateb, a thrwy'r profiad hwnnw cawn ddod i ddeall ac adnabod un haen o'i chymdeithas gymhleth.

Mae 'na nifer o gwmnïau gwirfoddoli dramor sy'n fwlteraidd bron, yn barod i neidio am eich arian ond sydd ddim yn barod i ystyried anghenion y gwirfoddolwr, yn ogystal â beth sydd gennych i'w gynnig fel person i'r fenter. Wedi gwneud gwaith ymchwil eang ar y we ro'n i'n teimlo bod y cwmni ddewisais i'n wahanol. Gofynnwyd am fy mhersonoliaeth, fy sgiliau a'm cymhelliant. Wedi trawsgyfeirio'r holl elfennau perthnasol, fe'm rhoddwyd i ddysgu drama mewn ysgol uwchradd mewn dinas o'r enw Madurai yn nhalaith Tamil Nadu yn Ne India.

Madurai ydy'r ail ddinas fwyaf yn Tamil Nadu, ar ôl Chennai (yr hen Madras). Mae hi'n un o ddinasoedd hynaf India, yn 2,500 oed ac wedi ei lleoli ar lan afon Vaigai. Mae miloedd o bererinion yn ymweld â theml enwog Meenakshi yng nghanol y ddinas fyrlymus hon bob blwyddyn. Er ei bod yn cael ei hystyried fel dinas ddiwylliannol gref yn ne India, mae ochr dywyll iawn iddi ac mae'r storïau am laddedigaethau anrhydedd wedi gwenwyno'r ardal yma dros y blynyddoedd. Fis yn unig wedi i mi adael, bu stori enfawr yn y newyddion am fachgen ifanc a drywanwyd i farwolaeth yn gyhoeddus ar y stryd fawr am briodi y tu allan i'w 'gast'.

Mae cannoedd o grwpiau 'cast' yn bodoli yn India ac maen nhw'n cael eu rhannu ar sail purdeb Hindŵaidd. Y Brahims sydd ar ben ucha'r domen a'r Dalits sydd ar y gwaelod. Mae canran uchel o gymdeithas Tamil Nadu yn Dalits. Dyma'r 'cast' sy'n cael ei esgymuno rhag cyfleoedd addysgol, gwaith a pherchnogi tir. Byddwn i'n eu pasio'n begera ar y stryd, ac yn gwibio heibio iddynt ar gyrion pentrefi wrth deithio ar y bws. Er bod y system wahaniaethu echrydus hon yn anghyfreithlon ers 1949, mae hi'n dal yn amlwg iawn ar y strydoedd ac roedd dod i arfer â'i gweld ar waith yn anodd. Fel y gwyddom, mae India'n wynebu newid cymdeithasol enfawr oherwydd ei thwf economaidd ond er bod y graddau tlodi'n lleihau, mae'r gagendor rhwng y tlawd a'r cyfoethog yn dal ar gynnydd.

Roedd yn rhaid addasu'n sydyn i'r darluniau o dlodi enbyd o fy nghwmpas a lleddfu'r cydwybod wrth gerdded heibio drwy argyhoeddi fy hun mai dod i wneud prosiect arbenigol oeddwn i ac na allai pob stori na sefyllfa gael effaith arnaf.

Anita

Wedi hunllef o daith i gyrraedd y wlad, a chael fy alltudio i Sri Lanka wedi tri munud ar bridd India oherwydd problemau fisa, dwi'n glanio ym Madurai chwech awr ar hugain yn hwyr. Mae gweld Anita, y ddynes fydd yn fy nghartrefu a'm bwydo dros yr wythnosau nesaf yn fanna o'r nefoedd a dweud y lleiaf. Wedi dros ddiwrnod o ddadlau fy achos mewn dwy wlad â systemau biwrocrataidd gwallgof, dwi'n gafael yn dynn yn y ddynes bedwar deg tri oed a dwi'n gwybod y bydd popeth yn iawn.

Un o'r pethau a'm denodd at y prosiect gwirfoddoli yma oedd y byddwn yn cael byw efo teulu Indiaidd. Byddai hyn yn gyfle i gael fy nghynnwys yn syth fel rhan o'r gymdeithas. Wrth yrru mewn tacsi o'r maes awyr at fflat teulu Anita, tydyn ni ddim yn cau ein cegau am eiliad. Mae Saesneg Anita'n raenus a rhwydd ac mae natur ddiflewyn-ar-dafod y ddynes wrth fy ochr yn gwneud i mi fod isho rhannu yr holl wybodaeth am fy mywyd a'm cefndir efo hi. Rydym yn parablu ac yn chwerthin wrth geisio creu argraff ar ein gilydd. Hyn i gyd wrth i mi geisio ymgyfarwyddo â'r synau a'r aroglau anghyfarwydd o'm cwmpas ar noson drymaidd yn fy ninas newydd.

Fel cymaint o ddinasoedd India mae hon yn wasgaredig, yn we pry cop o wythiennau poblog ac yn ddrysfa o strydoedd, pob un edrych yr un fath ond pob un yn adrodd stori wahanol. Wrth deithio o un 'coloni' i'r llall mae un gymdogaeth yn tyfu i'r nesaf, yn ddigynllun a blêr. A phoblog. O'r eiliad mae rhywun yn camu oddi ar yr awyren, dyna lle maen nhw. Pobol. Ymhobman. POBOL. POBOL. POBOL. Ond y noson honno yn y tacsi, dim ond Anita a fi oedd yn bwysig, yn dod i adnabod ein gilydd ac yn gosod sylfeini ein cyfeillgarwch.

Stafell syml ydy fy nghartref am yr wythnosau nesaf, efo dau wely sengl caled, a honno uwchben fflat y teulu mewn tŷ sy'n eiddo i ewythr Anita. Mae un ffan bach yn chwythu pwfflyn o aer o'r nenfwd ar fy ngwely bychan. Mae'r tŷ yng nghanol stryd sy'n rhedeg oddi ar y brif stryd, yn gyfochrog â stryd sy'n edrych yn union fel y stryd sydd ar gornel y stryd honno a'r stryd o'i blaen a thu ôl iddi. Mae ysbyty fechan ar gornel y stryd. Dyma fy nhirnod am yr wythnosau nesaf! Byddaf yn cael fy mrecwast a'm swper efo'r teulu a bydd y swpera nosweithiol yn troi'n oriau difyr o gymharu profiadau a diwylliannau.

Mae gŵr Anita wedi ei gadael hi a dau o blant am gyfnod i chwilio am waith mewn gwestai yn America er mwyn cynnal ei deulu. Aeth at gefnder oedd wedi gaddo gwaith iddo mewn cegin gwesty yn Atlanta, ond unwaith y cyrhaeddodd roedd yr addewid gwaith yn un gwag ac mae Anita'n poeni amdano'n cynnal ei hun heb sôn am anfon arian yn ôl iddi hi a'r plant. Oherwydd yr unigrwydd a deimla yn sgil absenoldeb ei gŵr, rydym ni'n symud yn sydyn i drafod ein dyheadau a'n hofnau fel merched. O amgylch y bwrdd bwyd hwnnw ambell noson dwi'n gwenu'n dawel fewnol wrth sylweddoli mai yr un ydym ni i gyd yn y bôn.

Mae hi'n arllwys ei chalon am sefyllfa druenus ei chwaer yn Kerola sydd wedi gadael ei phlant a'i gŵr ar ôl blynyddoedd o drais. Mae'n ofni y bydd y gymdeithas yn ei gwrthod, yn enwedig gan nad oes ganddi yrfa nac unrhyw ffordd o gynnal ei hun. Er gwaethaf barn ryddfrydol Anita, mae ei cheidwadaeth yn fy synnu wrth iddi hithau hefyd feirniadu ei chwaer am ei gweithred hunanol yn gadael y gŵr creulon. Er iddi hi ei hun wrthod cowtowio i briodas orfod a dewis priodas gariadus, ac felly gael ei hesgymuno gan ei theulu ers dros ddau ddegawd, mae ei daliadau am le y ferch mewn priodas yn ennyn ambell wich gen i. 'Ffion, you must learn to compromise if you ever want to find a husband. You must learn to be quiet and know your place if you want a happy marriage.' Bron yn ddieithriad mae fy ngwaedd 'Anitaaaaaaa!'

yn cael ei lluchio ati cyn ei 'Ffiooooooon' hithau a phwl o chwerthin afreolus. Dyma oriau difyrraf fy amser yn India.

Yr Ysgol

Am hanner awr wedi saith bob bore byddwn yn cael fy nghodi o ben y stryd i fynd ar y bws ysgol efo'r plant. Byddai nifer o'r athrawon yn gwneud yr un peth. Roedd y daith yn cymryd bron i awr a'r bws yn codi plant o'm rhan i o'r ddinas cyn cychwyn ar ei daith i gyrion Madurai, drwy nifer o bentrefi bach bywiog, ac yna cyrraedd Ysgol Uwchradd Lakshmi. Cafodd Sanjay, deuddeg oed, ei benodi'n geidwad bws arna i, rhag ofn i mi fethu adnabod fy arhosfan ar y ffordd adra. Diolch byth am Sanjay.

Roedd y daith hon yn gymysgfa o syndod pur, wrth i mi weld gwead y ddinas a'i phentrefi cyfagos, a siarad di-ben-draw plant eiddgar oedd am wybod beth oedd y ddynes orllewinol yn ei wneud ar eu bws boreol. Roedd yn rhaid chwarae gemau geiriol, trafod daearyddiaeth a rhannu caneuon gwerin, a hynny i gyd cyn hanner awr wedi wyth y bore. Wrth chwarae un gêm eiriol, fe'm synnwyd gan safon Saesneg rhai o'r plant ieuengaf. Roedd yn rhaid cychwyn gair efo llythyren olaf y gair blaenorol, ac wrth i mi daflu fy 'dog', 'goat' a 'tank' i'r pair, fe'm lloriwyd gan Meena oedd yn naw oed, â'i bryd ar fod yn feddyg, a'i geiriau megis 'sacrifice', 'egyptology' a 'yearning'. Rhaid oedd canolbwyntio felly, a pheidio â gadael i'm llygaid grwydro wrth werthfawrogi fy amgylchfyd newydd!

Roedd rhieni'r disgyblion roeddwn i'n teithio â nhw'n

talu am addysg eu plant ac felly roedd yr ysgol yn dod o dan system breifat y wlad. Wedi dweud hynny, roedden nhw'n cael eu rheoli'n weddol gaeth o ran beth oedden nhw'n ei ddysgu ac mae'r ffioedd yn gallu bod mor isel â dwy ddoler y mis a'r gwahaniaeth rhwng ysgolion preifat a rhai cyhoeddus yn gamarweiniol ar brydiau. Roedd ysgoloriaethau'n cael eu cynnig yn Ysgol Lakshmi a oedd yn rhoi cyfle i rai disgyblion disglair lleol barhau â'u haddysg. Roedd yn addysgu dwy fil o blant oedd yn eiddgar i astudio.

Gyda mwy na 740,000 o ysgolion, mae India'n rhedeg system addysg fwyaf y byd. Fe fu llythrennedd ar gynnydd yn ystod y ddegawd ddiwethaf ond ar y llaw arall, gan mai llywodraethau lleol sy'n rheoli'r system, gall y gagendor yn ansawdd yr addysg fod yn aruthrol o un dalaith i'r llall. Er ei bod yn orfodol i bob plentyn fynd i'r ysgol tan eu bod yn bedair ar ddeg, dim ond hanner cant y cant sy'n eu mynychu mewn gwirionedd. Roedd disgyblion yr ysgol yma'n hynod lwcus.

Er mai ar y gwyddorau oedd y pwyslais mwyaf, mae pynciau creadigol yn dechrau cael sylw haeddiannol o'r diwedd ac roedd yr ysgol yn awyddus i ddatblygu adran ddrama. A dyna lle y deuthum i i fod yn y lle iawn ar yr amser iawn. Cefais rwydd hynt i wneud fel y mynnwn efo'r ysgol ganol, sef y plant rhwng un ar ddeg a phedair ar ddeg oed.

O fod wedi arfer eistedd y tu ôl i ddesg yn copïo o'r bwrdd du ac yn gweithio o lyfrau a fyddai wedi edrych yn gartrefol ar silffoedd ein hen ysgolion gramadeg ni, roedd cael y rhyddid i wthio eu desgiau i ochr y stafelloedd dosbarth a chreu a rhedeg yn y gofod newydd yn nefoedd i rai ac yn hollol wrthun i eraill. Dyma blant a oedd yn sefyll mewn rhesi militaraidd bob bore wrth weld eu baner yn cael ei chodi i gyhwfan yn yr aer gynnes. Dyma blant oedd yn cael eu gwersi ymarfer corff mewn trowsusau llaes du a gwersi cerddoriaeth gan bennaeth yr adran honno oedd newydd basio ei arholiad ymarferol Trinity Gradd 3!

Aeth y newydd am yr athrawes wallgo â'i gwallt brwsh llawr a'i gemau boncyrs ar led ac o fewn diwrnod neu ddau roedd y gri, 'When can we play Zip Zap Boing?' a 'Can we see your creative Welsh balls?' yn llenwi'r coridorau llwm. Yn naturiol, nid pob athro ac athrawes oedd yn cytuno â'r dull hwn o ddysgu plant. Cefais gŵyn gan yr athrawes Hindi ar y trydydd bore am nad oedd ei disgyblion hi'n gallu canolbwyntio ar eu berfau. Fe'm symudwyd i'r stafell amlbwrpas ar y llawr gwaelod. O'r diwedd roedd ganddi bwrpas.

Roedd gweld wynebau rhai o'r disgyblion wrth iddynt ddiosg hualau'r gyfundrefn addysg drom yn bleser pur a byddai gweithio efo nhw am gyfnod hirach wedi meithrin mwy o hyder ynddyn nhw i fyrfyfyrio a sgwennu sgriptiau, i drafod mwy ar emosiynau a datblygu sgiliau ieithyddol drwy greu cymeriadau. Maen nhw wedi gofyn i mi fynd yn ôl i helpu i sefydlu adran ddrama sefydlog yno. Gobeithio y gallaf wneud hynny yn y flwyddyn neu ddwy nesaf. Mae gen i deimlad na wela'i Meena yn y gwersi hynny. Byddai'n ormod o 'sacrifice' iddi golli ei gwersi gwyddoniaeth ar ei thaith i fod yn feddyg.

Y daith fws i Kumilly

Dim ond un dydd Sadwrn rhydd oedd gen i ac roedd yn rhaid gwneud y gorau ohono neu byddai'r rhan fwyaf o 'mhrofiad yn India wedi cael ei dreulio'n crwydro strydoedd a themlau'r ddinas ac yn meddwi ar orlwytho synhwyrus. Doedd yna ddim unlle gwag, distaw a di-gyrff yn y ddinas ac roedd y masnachu'n mynd rhagddo ym mhob twll a chornel o bob twll a chornel: o fananas i emwaith, o olwynion ceir a pherfedd hen beiriannau wedi malu i flodau a dillad. Tydy tlodi ddim yn stopio bywyd rhag mynd yn ei flaen ar y stryd. Mae'n gwneud y byw yn fyrlymus a hanfodol.

Mae pobol yn bwyta a chysgu ac yn prynu a gwerthu wrth feddwl am y fenter nesaf i gadw'n fyw. Mae egni ar y strydoedd. Cewch eich twyllo i fynd i dop ambell siop i weld golygfeydd 'gorau' y ddinas a ffarwelio ag ambell ddarn arian, gan dderbyn bod pawb yn gweithio i fyw ar y stryd a phob un yn troi'r dŵr i'w felin ei hun. Mae addasu i'r tlodi cyson yn anodd a'r unig beth sy'n lleddfu fy nghydwybod ydy gwybod bod cyfran o'r arian a godais yn mynd tuag at yr ysgoloriaethau yn yr ysgol. Mae hynny, a phrynu cynnyrch syml fel cadwyni blodau gan fasnachwyr tlawd a gonest ar gorneli strydoedd, yn gwneud y profiad yn haws.

Ar y bore Sadwrn dwi'n dal y bws i wneud taith bump awr i fyny i Kumilly yng ngogledd Tamil Nadu. Dim ond dwy awr y bydda i yn Kumilly. Caf weld y gerddi sbeisys a the yno a chrwydro strydoedd Kumilly sy'n enwog am ei siopau gemwaith arian. Ond nid er mwyn hynny dwi'n mynd yno. Dwi'n mynd er mwyn cael bod ar y bws a chreu darlun ehangach o'r wlad o'm cwmpas. Bws y llywodraeth ydy hwn sy'n rhedeg yn ddyddiol rhwng Madurai a Kumilly. Mae'n fore trymaidd a does fawr o aer yn chwythu i mewn drwy'r ffenestri di-wydr.

Ar y daith hon mae popeth oedd yn y dychymyg am India yn cael ei wyrdroi a'i gadarnhau ar yr un pryd, ac ar brydiau mae fy ymgais i gadw'r synau syn i mi fy hun, wrth eistedd ar fy sedd yn nhu blaen y bws, yn mynd yn ofer. Mae'r darluniau yma'n ddwfn yn y cof. Y trefi poblog blêr, y ddamwain foto-beic, y tai mwd ar gyrion y pentrefi a'r sbwriel di-ben-draw. Roedd llygaid gorffwyll dynion a merched y cysgodion yn eich oeri weithiau ac ambell ddisgybl ar y ffordd i'r ysgol yn hoelio'r sylw. Wrth i'r mwncïod greu stŵr ar do'r bws, mae'r siarabang yn llenwi ac mae'r trafaelwyr yr un mor amrywiol â'r darluniau y tu allan. Mae nain ddiddannedd yn poeri i mewn i jar y tu ôl i mi a phlentyn dwyflwydd yn tynnu ar lodrau fy nhrowsus gwirion gorllewinol. Mae cyflymdra'r bws yn ddigon i godi blew eich gwar, ac er 'mod i'n eistedd drws nesaf i'r gyrrwr am oriau lawer nid yw'n troi ei ben i gydnabod fy modolaeth unwaith, heblaw i fy ngheryddu am roi fy nhroed yn rhy agos i orchudd yr injan.

Wedi cyrraedd Kumilly a dal *rickshaw* i'r caeau sbeis dwi'n ymlwybro yn ôl i'r pentref bychan â'i amrywiol siopau ac yn penderfynu symud modrwy briodas fy mam, sydd ar fy mawd dde, i'r bys priodas ar fy llaw chwith. Mae'n amlwg erbyn cyrraedd y lle bwyta bychan ar gornel un stryd bod sôn am y ferch sydd ar ei phen ei hun, yn cerdded o amgylch y siopau heb ffrind na dyn wrth ei hochr. Fa'ma ydy'r tro cyntaf i mi deimlo'n fregus a diamddiffyn wrth i griw o tua deg o ddynion ymgynnull i wybod fy hanes. Maent yn amlwg am werthu eu cynnyrch i mi ond mae'r ffaith fy mod ar fy mhen fy hun yn creu mwy o sylw nag oedd yn gysurus ac mae'r bws i Madurai yn cyrraedd yr orsaf fysiau gerllaw ar yr union eiliad iawn.

Er nad oes awyrgylch fygythiol ar y bws o gwbwl, wrth i'r gyrrwr yrru fel dyn gwyllt yn ôl i ddinas Madurai wedi pump awr arall o daith, dwi'n digwydd edrych yn ôl o'r un sedd ag yr eisteddais ynddi ar y ffordd i Kumilly ac yn y düwch sylweddolaf mai fi ydy'r unig ferch yng nghanol tua deuddeg o ddynion. Does dim un ohonynt yn dal fy llygaid a dwi'n cario 'mlaen i edrych ar oleuadau'r ddinas sy'n dechrau edrych yn gyfarwydd. Tua deg o'r gloch y nos, mae'r ffôn yn canu ac mae Anita am wybod pa mor bell i ffwrdd ydw i. Cadwa'n saff, mae'n fy rhybuddio. Mae'r sgwrs a'r swper hwyr y noson honno'n dderbyniol iawn.

Y noson ganlynol, dwi'n mynd efo Anita a'i theulu i'r deml Hindŵaidd i ymuno yn nathliadau gŵyl y golau ac yn cael fy nghroesawu gan yr addolwyr a thynnu llun efo pob un plentyn o fewn troedfedd i mi. Wrth edrych o 'nghwmpas a sylwi ar ddyfnder ffydd Anita, yng nghanol y llafarganu a'r offrymu i'r ddelw, dwi'n teimlo 'mod i'n ei gweld am y tro cyntaf. Mae'r seremoni anghyfarwydd, ei defodau dieithr a gwir emosiwn fy ffrind newydd, yn gweddïo'n angerddol am ei chwaer yn Kerola a'i gŵr yn Atlanta, yn gwneud i mi werthfawrogi'r gwahaniaethau rhyngom. Wrth gael fy mendithio gan yr offeiriad hanner noeth, sy'n llafarganu ac yn cyffwrdd fy nhalcen â phowdr coch, dwi'n dal llygaid Anita ac mae'r ddwy ohonom yn gwenu. Dwi'n gobeithio nad dyma'r tro olaf i mi fod yn ei chwmni hi a'i theulu.

Mi fûm yn lwcus iawn wrth ddewis fy mhrosiect gwirfoddoli yn India, ac mae'r cysylltiadau a'r cyfeillgarwch a wnes i yno wedi fy ngalluogi i gynllunio i fynd yn ôl i weithio'r eilwaith ac i ehangu'r profiadau a gefais yn y wlad. Fe'm cyflwynwyd i griw o ffrindiau Anita, sy'n gwneud gwaith anhygoel yn datblygu hawliau merched y 'castau' isradd. Dwi'n gobeithio gallu cyfuno fy ngwaith ym myd y ddrama efo gweithio â'r merched hyn sy'n brwydro i gael llwyfan i'w llais. Mae'r ychydig wythnosau a dreuliais yn Tamil Nadu wedi fy sbarduno i fynd yn ôl yno ac i ddeall a dysgu mwy am y wlad a'i phobol. Mae gan bawb rywbeth i'w gynnig o bryd i'w gilydd. All neb newid popeth, ond wrth ddewis prosiect personol gellir gwneud gwahaniaeth bach yn rhywle.

Mam

GALLAF EI DDWEUD o bellach. Gallaf ei gyfaddef a'i dderbyn o. Tydw i ddim wedi bod yn hapus ers y diwrnod y collais i Mam. Ddim yn wirioneddol hapus. Wrth gwrs, tydw i ddim yn byw bob dydd yn cario fy ngalar ar fy ysgwyddau i bawb ei weld, ond tydw i ddim wedi bod yr un fath ag oeddwn i cyn Mawrth y seithfed, 1997. Tydy'r byd ddim wedi bod yr un fath ers y diwrnod hwnnw a fydd o fyth yr un fath eto.

Does 'na neb yn dweud wrthych am y boen uffernol sy'n eich bwyta yn fyw, yn crafu eich calon a lluchio eich perfedd tu chwith allan. Does 'na neb yn eich paratoi am yr udo mewnol ac allanol sy'n ddychryn i'ch clustiau eich hun weithiau, a does neb yn dweud y bydd gennych ofn pellhau o'r math yma o fod.

Toeddwn i ddim yn medru dweud y geiriau 'Mae Mam wedi marw' am tua blwyddyn ar ôl ei marwolaeth. Roeddwn i'n darganfod ffyrdd o osgoi rhoi'r geiriau mewn brawddeg rywsut oherwydd, yn fy nghalon, doeddwn i ddim isho derbyn ei bod hi, yn bum deg un oed, wedi fy ngadael ar fy mhen fy hun yn y byd. Mae colli eich mam yn chwech ar hugain oed fel bod ar goll mewn drysfa goediog dywyll, yn trio chwilio am y dafnau o haul ysbeidiol rhwng y canghennau i gynhesu'r wyneb a'ch arwain tuag adra. Pan aeth Mam, fe aeth fy adra i.

Mae dwy ran i fywyd bellach. Bywyd efo Mam a bywyd heb Mam, neu i'w roi yn ei ffurf emosiynol, y dyddiau hapus a'r dyddiau di-angor. Tydw i ddim yn ymddiheuro am drymder y dweud am 'mod i'n gwybod y bydd y garfan sydd wedi colli yn deall. Roedd ceisio ymddangos fel person normal yn y misoedd wedi ei marwolaeth yn anodd. Roedd y coesau'n dal i fy nghario, roedd y gwefusau'n dal i symud a siarad yr un hen ystrydebau, a'r llygaid yn dal i wenu'n ddiolchgar wrth i bobol wingo eu cydymdeimlad i fy nghyfeiriad i. Ond y tu mewn roedd mwnci bach yr ymennydd yn cyfansoddi ei naratif ei hun. Nid fi ydw i rŵan. Tydy'r byd ddim yn gwneud synnwyr bellach a bydd popeth am symud yn araf o hyn ymlaen.

Tydy ffieidd-dod at farwolaeth byth yn eich gadael. Mae canser yn fastard ac mae'r ffordd mae'n dinistrio bod dynol, yn cicio'r anadl o'r corff, yn eich gadael yn fud. Mae'r chwydu, y gwaed a'r dafnau gwallt, y piso, yr aroglau halen ar y croen a'r cafnau llygaid gwag yn ddigon i'ch gyrru'n orffwyll. Mae dyddiau o ffwndro cyffuriol wedi *chemotherapy* a'r colli rheolaeth cyhyrol yn eich gadael yn oer. Ond nid unrhyw fod dynol oedd hon. Fy mam i oedd hon ac roedd yn rhaid gwylio'r lleidr di-egwyddor yn ei chipio o flaen fy llygaid a minnau'n methu gwneud dim. Drwy fynd â hi, mi aeth â darn ohona i. Mi gododd gyllell i stumog fy mywyd a'i rwygo.

Roedd hi'n 3.30 ar y pnawn Gwener hwnnw pan ganodd y gloch ar y ddirprwy brifathrawes. Roedd hi hefyd ddyddiau'n unig cyn Sul y Mamau. Roedd y siopau'n llawn o'r cardiau siwgrllyd, y balŵns a'r blodau bondigrybwyll. Go brin y gwyddem ni bump wythnos ynghynt, pan aeth hi i mewn i Ysbyty Gwynedd i leddfu haint ar syst ar yr iau, mai derbyn blodau ac nid eu rhoi y byddem ni ar y Sul arbennig hwnnw. Gall blodau fod yn hyll. Mae gweld lili wen fach yn mentro drwy erwinder y gaeaf, ac yn ennill ei brwydr flynyddol, yn fy atgoffa o'r frwydr gollodd Mam. Mae'r lili'n plygu ei phen wrth fy ngweld i bellach. Mae ei heuogrwydd yn amlwg.

Mae edrych ar y lleuad, bod yn Tesco a chamu i mewn i fàth poeth yn amlygu'r golled. Alla i ddim egluro pam, ond dyna'r peth efo hyrddiau hiraeth, maen nhw'n gallu dod o nunlle. Maen nhw'n ddisgwyliedig yng nghyngerdd Nadolig plant fy chwaer, a phan anwyd y plantos hynny (yn enwedig gan fod fy chwaer fach wedi mynnu geni tri ohonyn nhw i gyfeiliant 'Nos Da, Mam', Steve Eaves) ond y rhai gwaethaf ydy'r rheiny sy'n neidio o'r cysgodion ac yn eich llarpio fel arth.

Ddoe, mi es i i brynu anrheg i ffrind grefftus sydd wedi cael clun newydd. Camais i mewn i'r siop grefftau yn llawen efo'r bwriad o brynu pelen o wlân neu focs macramé iddi. A dyna lle'r oedd o. Y bocs i chwalu fy nydd yn deilchion. PAPER ART CARDS FOR ALL OCCASIONS. Bedair blynedd ar bymtheg ynghynt, Nadolig olaf fy mam, roedd hi wedi derbyn yr union focs yn anrheg gan ei ffrind. Wedi i'w chyfaill artistig ddangos sut oedd gwneud y cardiau i Mam – rhyw flodyn bychan cynnil gwyrdd ar un, adenydd pili pala piws ar y llall a rhosyn coch o bapur sidan ar un arall daeth yn amser i Mam 'gael go'. Agorais y drws wedi awr o ddistawrwydd llethol a dyna lle'r oedd hi'n *glitter* a glud o'i chorun i'w sawdl. Tameidiau o bapur aur a choch yn hongian o'i wig a'r wên fwyaf ar ei gwefusau sych. Roedd y cerdyn yn un carnifal o flodau a malwod, o we pry cop a balŵns a bwnis. Cododd y campwaith amryliw efo'i llaw ansad. 'Unwaith gychwynnish i, o'n i methu stopio. Mae o'n ridicilys, dydy!' Dechreuodd y ddwy ohonom chwerthin, a droiodd yn grio ac yn udo. Gafaelais yn ei hesgyrn brau gan wybod mai'r cerdyn hwn fyddai fy nhrysor pennaf am byth. Rhedais allan o'r siop yn Canton â'r arth fawr ar fy sodlau.

Mae'n bwysig i mi fy mod yn ei chofio fel ag yr oedd hi. Mae'n hawdd mytholeiddio person wedi iddyn nhw farw ac mae hynny'n un o fy ofnau mawr. Tydw i ddim isho i Mam fod yn ddarlun dilychwin yn fy mhen. Dwi'n mynnu cofio ei ffaeleddau hefyd oherwydd mai yn y ffaeleddau hynny dwi'n dod i adnabod fy hun. Y gorsensitifrwydd, y blerwch a'r gorymateb. Mae hi'n fyw o hyd yndda i. Wrth i mi edrych yn y drych a gweld fy hun yn heneiddio, gwelaf ei hwyneb hi'n syllu'n ôl arna i. Ydy hi'n hapus efo pwy ydw i heddiw, neu ydy hi'n gallu gweld y dinistr mewnol y tu ôl i'r llygaid celwyddog?

Does dim yn eich paratoi ar gyfer y diwedd. Cysur gwag ydy gwybod y gwir. Pan ddywedodd y doctor fod ganddi rhwng tri mis a thair blynedd, dim ond y tair blynedd glywais i ac roedd hynny'n llawer yn rhy fyr. Bedwar mis yn ddiweddarach, wrth i fywyd lithro'n boenus ohoni, doeddwn i ddim wedi gofyn iddi am ei hofnau dwysaf. Mae hynny'n fy nghadw'n effro'r nos. Pam na fues i'n ddigon o ddynes i edrych i fyw ei llygadau a dweud 'mod i'n gwybod ei bod yn marw. Yn marw. Y gair na feiddiais ei yngan wrthi. Pam na luchiais fy anaeddfedrwydd o'r neilltu a gafael yn ei llaw y noson honno o flaen y tân, wrth iddi dagu ar ei bwyd, a thrafod ei hofnau? Wrth ei gwylio'n codi oddi ar y tŷ bach yn ward Alaw a tharo ei phen yn erbyn y sinc, wrth i'w choesau roi oddi tani, pam na wnes i gydnabod y dychryn yn ei llygaid a siarad am y diwedd? Pam na ddywedais i wrthi 'mod i'n mynd i'w cholli hi am byth?

Chwech ar hugain oed oeddwn i ac roedd gen i ofn cydnabod y gwir. Dwi'n barod rŵan, Mam. Roeddwn i'n barod pan glywais y griddfan olaf wrth i'r anadl ddianc o'i hysgyfaint.

Roeddwn i'n barod yr eiliad y rhoddais fy ngwefusau ar ei gwefusau glas a dychryn wrth deimlo mor oer oedden nhw. Ond roedd hi wedi mynd.

Heddiw, wedi bron i ddau ddegawd o hel meddyliau a chwarae'r sgyrsiau y dylem fod wedi eu cael, dwi'n sylweddoli mai dim ond un peth sydd angen ei ddweud. Dwi'n eich colli chi a tydw i ddim am i hynny newid fyth. Do, pan aethoch chi, fe aeth rhan ohona i ond gallaf ddysgu byw efo hynny.

Mari

GOFYN IDDI. GWNA fo. Gofyn iddi. Mae'r bws yn llawn a phoeth a'r cyffro rhwng y seddi yn ifanc ac yn flasus. A dyna lle mae hi, ar ei phen ei hun, yn bwyta'r frechdan â'i chynnwys pinc. Gofyn iddi.

'Salami' mae'n ateb heb wên na'r angen am fwy o eiriau.

Bodlonaf heb ofyn mwy na deall dim.

•

Pan mae hi'n dringo i'r bync uchaf wrth y ffenest yn stafell Rhif 3 a'i Sony Walkman rownd ei gwddw dwi'n rhuthro i gael bod yn yr un gyferbyn â hi.

'Cig o'r Eidal ydy o, gyda llaw.'

•

Mae ganddi gariad o ysgol arall ac mae hi'n ei gusanu y tu ôl i'r gampfa rhwng pob gweithgaredd.

'Fel hyn dwi'n cusanu.' Mae'n gafael yn ei chlustog ac yn plannu ei phen ynddo, ei wyro i'r chwith a thynnu ei thafod allan.

'Y ffordd ora i ymarfer cusanu ydy snogio *Girl's World*.'

Mae'n gafael ym mhen ôl ei chariad yn ystod 'Ysbryd y Nos'.

•

Mae ei llythyrau'n hir a barddonol. Maen nhw'n cyrraedd ar ffurf bwydlenni ac ar bapur tŷ bach. Mae'n trafod chwant a thorcalon a Duran Duran. Mae hi wedi siafio ei gwallt ac wedi penderfynu mai'r drymars ydy aelodau mwyaf rhywiol unrhyw fand. Bob tro. Mae hi'n falch 'mod i wedi trio salami.

•

Mae hi'n gaddo i mi dros y ffôn nad ydy o'n brifo. Mae hi'n gwybod yn well na fi ac mae o wedi bod yn pledio arna i ers misoedd a tydw i ddim isho ei golli.

Dwi'n gwneud.

'Mi wnes i fwynhau. Wir.'

•

Mae hi'n llusgo ei bwa dros y tannau ac wrth iddi dynnu ar nodyn hir, wylofus, mae hi'n fyw. Mae hi'n ddewines.

'Tyrd i Baris. Dwi wedi cael lle yn y Conservatoire a dwi'n rhannu fflat efo boi o Peru.'

•

Dwi'n ei gwylio'n tynnu ar ei Gitanes, ei chariad o Peru â'i ben ar ei hysgwydd. 'Dan ni'n crwydro Pigalle ac yn yfed gwin coch. Maen nhw'n trafod Sartre a Gauguin a Rousseau a Beauvoir.

Ar blatfform stesion Charles de Gaulle dwi'n eu gwylio

nhw'n cerdded i ffwrdd law yn llaw. Wela i mohoni am sbel.

•

Dwi'n talu am fy neges yn yr archfarchnad rad ar ben fy stryd a daw sgrech o gyfeiriad y letys.

Dyna lle mae hi, yn un tamaid creadigol, agored a hardd. Beth am gyfarfod heno a llenwi'r bwlch pymtheg mlynedd a fu? Awn ni i'r dafarn newydd yn y dref.

•

Daeth ei phriodas pum mlynedd efo arweinydd cerddorfa o'r Eidal i ben. Gafodd o blentyn efo chwaraewr obo o Seville. Mae hi'n tynnu ar ei Gitanes ac yn ordro gwin coch. Mae ei gwallt yn goch ac yn gyrliog. Mae hi'n iawn. Bydd dod yn ôl i Gymru yn ddechrau newydd iddi. 'Dan ni'n yfed storïau ein gilydd.

Mae dyn yn cerdded i mewn.

Dwi'n gadael ar fy mhen fy hun.

•

Beth am i ni rannu tŷ? Mae rhent yn ddrud yn y ddinas fawr a tydy hi ddim cweit yn barod i symud i mewn efo'r dyn a gerddodd i mewn i'r dafarn er iddo erfyn arni. 'Dan ni'n paentio'n stafelloedd yn leilac ac yn gwrando ar 'White Ladder' David Gray.

•

Mae hi'n chwarae ei ffidil efo bandiau mawr ar hyd y wlad. Dwi'n cael tocynnau am ddim ac yn mwynhau'r cocaine. Mae hi'n cysgu efo'r drymar ac yn sythu ei gwallt.

Mae'r dyn o'r dafarn yn symud i mewn. Mae'n olygus a gwybodus ac yn ei haddoli hi.

●

Dwi'n dweud y bydda'i adra o'r gogledd tua 6. Mae'n methu disgwyl i fy ngweld ar ôl dau fis o fod ar wahân. Bydd bwyd ar y bwrdd i mi. Mae ei gwallt yn denau a brown ac mae'r band wedi cael gwared arni. Efallai mai dyna sydd orau, meddai'r dyn a gerddodd i mewn i'r dafarn.

'Dan ni'n yfed gormod o gwmpas y bwrdd. Mae hi'n cysgu ar y soffa.

'Ti'n ffrind da iddi ond fi sy piau hi rŵan,' meddai'r dyn a gerddodd i mewn i'r dafarn.

Mae'n diffodd David Gray.

●

Mae hi'n erfyn arna i i ddod i'r noson wobrwyo. Mae hi wedi ei henwebu fel 'Y Cerddor Gorau mewn Band'. Tydy pethau felly ddim yn ei bethau fo, meddai'r dyn a gerddodd i mewn i'r dafarn. Chwarae plant. Mae o wedi gwirioni gymaint ar fy nhrowsus lledr du i. Mae'n gofyn iddi ai fel yna mae hi'n mynd allan.

●

Dwi'n rhybuddio'r dyn a gerddodd i mewn i'r dafarn i beidio byth â fy nefnyddio i i'w ddibenion afiach ei hun. Mae'n llwfr ac yn wan ac yn gorfod ei bychanu hi i deimlo'n well amdano'i hun. Y tu mewn iddo fo mae'r ofn. Mae hi'n hardd ym mhob ffordd a bydd rhaid iddo ei gadael os na all ddelio â hynny.

A gyda llaw, hi enillodd.

•

Yn eu parti ffarwél dwi'n gafael ynddi'n dynn ac yn hir. Mae hi'n fy ngollwng i. Dwi'n chwarae'r gêm ac yn cytuno efo hi bod cael swydd athrawes beripatetig yng Ngheredigion yn syniad da, yn enwedig efo babi ar y ffordd. Mae'r dyn a gerddodd i mewn i'r dafarn yn gwenu.

•

Mae'r dyn a gerddodd i mewn i'r dafarn yn agor y drws ffrynt ac yn cael braw o fy ngweld i yno. Mae'n codi ei fys at ei geg ac yn gofyn a oeddwn i wedi gweld yr arwydd ar y drws yn dweud eu bod nhw angen llonydd. Ond dwi wedi dod yr holl ffordd o Gaerdydd. Mae hi wedi colli lot o waed ac mae'r meddygon yn dweud na ddylai weld neb. Dwi bron â gwthio heibio iddo. Bron.

•

Mae'r cardyn diolch pinc yn cyrraedd. Mae'r fechan yn magu pwysau bob dydd ac mae hi wedi dechrau gwenu a gwneud synau. Mae'n gobeithio 'mod i'n licio'r enw canol.

•

Mae ei hen fand hi'n dod i chwarae mewn clwb yn y ddinas. Eisteddaf yn y rhes flaen er mwyn cael teimlo'n agos ati er nad hi sydd ar y ffidil. Mae'r alawon yn fy atgoffa ohoni. O bwy oedd hi. Mae'r drymar yn fy nghofio ac yn gofyn i mi aros am win bach.

'I loved her, you know.'

'So why did you get rid of her?'

'We didn't. She quit. She was scared of us. What could have been.'

•

Dwi'n clywed bod y dyn a gerddodd i mewn i'r dafarn yn mynd ar drip rygbi i Iwerddon ac yn achub ar y cyfle. Does ganddi'm dewis. Dwi'n dod a dyna fo. Does dim ots o gwbwl bod y lle'n flêr a bod y fechan yn poti trenio. Eisteddaf ar y bws yn ofni pwy dwi'n mynd i'w weld.

Dos ati.

Gafael ynddi.

Hi fydd hi.

Yn rhywle.

•

Mae hi'n flinedig ac yn gwybod yn iawn ei bod yn fam wael. Mae o ar y llaw arall yn wych efo'r fechan ac mae'r fechan yn ei addoli. Mae'r boilar wedi malu a nes iddi ffeindio mwy o waith mae'n rhaid iddi ferwi tecell.

Dwi'n gofyn a ydy hi'n dal i'w garu.

•

Dwi'n sylweddoli ei bod hi'n ugain mlynedd ers i mi fagu digon o hyder i ofyn i'r ferch ar y bws i Langrannog beth oedd yn ei bechdan hi. Dwi'n prynu dau docyn i Baris a phostio un i Geredigion. Mae ganddi bedwar mis i feddwl am y peth. Fydda i'n deall os nad ydy hi'n barod.

•

Mae'r ffôn yn canu.

Mae hi'n sibrwd.

Mae'n dechrau crio.

•

Dwi'n eistedd ar fy mhen fy hun mewn bar bach ar lan afon Seine. Dwi'n sipian fy ngwin coch ac yn gwrando ar ei hen fand sydd ar eu taith dros Ewrop. Eisteddaf yn y rhes flaen er mwyn cael bod yn agos ati. Mae'n llusgo ei bwa dros y tannau wrth iddi dynnu ar nodyn hir, wylofus. Mae hi'n fyw. Mae hi'n ddewines.

Merched

WRTH GAEL FY ngwthio yn erbyn y drych uwchben y sinc yn nhŷ bach y gwesty a sefyll yno'n fud, dwi'n ceisio fy ngorau i ddeall y sefyllfa sy'n fy wynebu. Yn lle taro'n ôl a chega penderfynaf wenu ac ysgwyd fy mhen mewn ffieidd-dod. Mae hyn yn eu cythruddo'n waeth.

'A be 'di'r gwallt ridicilys 'na ar dy ben di?'

Wrth geisio atal y dagrau mae fy ngwên yn lledu a dwi'n penderfynu cerdded allan a 'mhen yn uchel. Wrth gau'r drws mae chwerthin y dair merch i'w glywed y tu ôl i mi ynghyd â bonllefau o 'Ddangosodd hynna iddi' a 'Da iawn chdi, 'ogan!'

'Ti'n iawn?' gofynna fy nghariad wrth y bar.

'Yndw,' dwi'n yngan yn isel. 'Jest merched yn methu delio efo merch arall ar eu *patch*.'

Doedd genod Pen Llŷn ddim yn hoffi bod merch o Fangor yn canlyn efo un o'u hogia nhw!

Y gwir plaen amdani ydy bod ein hymateb negatif i ferched eraill fel arfer yn estyniad o sut ydyn ni'n teimlo amdanom ni ein hunain. Mae'n haws o lawer bychanu merch arall na wynebu beth sy'n mynd ymlaen yn ein pennau ni. Mae bod ar eich gwyliadwraeth o gwmpas merched eraill yn deimlad eithaf cyffredin wrth dyfu i fyny, yn anffodus, ac mi heria i unrhyw ferch i ddweud yn wahanol. Rydym ni i gyd wedi bod mewn sefyllfaoedd lle mae presenoldeb merch arall wedi ein siglo a gwneud i ni gwestiynu ein hunain o bryd i'w gilydd. Dwi innau wedi defnyddio'r hen arf bach annifyr yna o fychanu merch arall er mwyn gwneud i fi fy hun deimlo'n well. Mae ymddygiad ymosodol anuniongyrchol tuag at ferched eraill yn rhywbeth sy'n digwydd o iard yr ysgol gynradd i iard ysgol y canol oed.

Mae'n cymryd blynyddoedd i ddiffinio ein hunain fel merched sy'n hapus yn ein crwyn ein hunain. Mae fy mherthynas glos i efo merched o bob oed bellach yn un o'r pethau dwi'n ei drysori fwyaf mewn bywyd. Mae'r amseroedd hapusaf wedi eu diffinio gan y merched oedd o'm cwmpas. Bu fy ymddiriedaeth a'm gwerthfawrogiad o ferched eraill yn hollbwysig i fy modolaeth wrth fynd yn hŷn. Un o'r pethau difyrraf ydy ailgysylltu efo merched roeddwn i'n arfer eu hystyried yn fygythiad a sylweddoli, mewn canol oed braf, mai dim ond cystadleuaeth ddistaw efo fi fy hun wrth dyfu i fyny oedd y teimlad hwnnw.

Mae tuedd ynom i gymharu ein hunain â merched eraill pan ydan ni'n iau ac mae gweld fersiwn well o'n hunain yn gallu bod yn anodd! Ond drwy ddod i werthfawrogi a deall merched eraill mae rhywun yn dod i ddiffinio ei hun a darganfod y canol llonydd.

Yr un peth mawr sy'n fygythiad i hyn ydy rhagfarn. Mae un o fy ffrindiau agosaf bellach yn rhywun roeddwn i wedi ei rhoi mewn bocs am flynyddoedd cyn dod i'w hadnabod yn iawn. Wedi wythnosau o weithio yn ei chwmni, cafodd popeth roeddwn i'n meddwl 'mod i'n wybod amdani ei chwalu'n llwyr. Fy mhroblem i, nid ei phroblem hi.

Tydw i ddim yn meddwl 'mod i wedi dod i ddarganfod pwysigrwydd perthnasau clos efo merched tan fy nhridegau canol. Er 'mod i'n mynd o gwmpas mewn criwiau ers dyddiau ysgol, nid oedd annibyniaeth a difaterwch ieuenctid yn fy nghymell i bwyso a mesur ansawdd fy nghyfeillgarwch efo'r merched o 'nghwmpas. Roedd cystadlu efo ambell un am sylw'r rhyw arall yn aml yn llesteirio dyfnder beth allai fod. Yn naw ar hugain oed, pan ddaeth perthynas fawr i ben, dechreuais ffurfio rhwydwaith o ferched dibynadwy a difyr.

Mae'r rhan fwyaf o'r perthnasau hyn wedi eu seilio ar y ffaith eu bod hwythau hefyd yn gwerthfawrogi ac yn mawrygu merched eraill. Nid gwerthfawrogi perffeithrwydd ein gilydd ydym ni ond dod i garu ffaeleddau, ansicrwydd a dyfnder profiadau ein gilydd ac mae dod i goleddu eich annigonolrwydd eich hun yn agor y drysau i wir werthfawrogi'r merched o'ch cwmpas.

Cofiaf ffrind o Iwerddon yn dod i dreulio gwyliau Pasg efo criw o wyth ohonom ar gwch camlas yn ochrau Rhydychen. Roedd yn amlwg yn nerfus wrth baratoi i dreulio pump diwrnod yng nghwmni merched oedd yn adnabod ei gilydd ers blynyddoedd, a hynny mewn bocs cul oedd yn teithio ar gyflymder o bedair milltir yr awr! Roedd ei geiriau wrth ein gadael yn gofiadwy:

'It was just great to be with a bunch of girls who "get" each other. It's obvious that you all love each other. There were no hidden agendas.'

A dyna beth rydym ni i gyd yn chwilio amdano am wn i. Perthnasau iach sy'n ein galluogi i ddatblygu ac i fod yn ni ein hunain. Dim ond trwy ddod i werthfawrogi ein hunain y daw hi'n bosib i ni werthfawrogi a deall y merched anhygoel sydd o'n cwmpas.

Mwy nag enw

MAE TEITHIO I Fongolia, ac yn bennaf i anialdir y Gobi, yn eich gwthio i brofi bywyd a marwolaeth ar ei fwyaf amrwd. Yno mae pobol yn brwydro i fyw ac mae'r gelyn marwolaeth yn eistedd yn gyfforddus ar stepan drws.

Dim ond enw oedd y Gobi i mi cyn mis Mawrth 2012. Roedd yn rhaid gwglo yn sydyn cyn ateb yr alwad ffôn i wneud yn siŵr 'mod i'n meddwl am yr anialdir cywir a chydnabod nad oedd Mongolia chwaith yn ddim ond enw ar wlad bell i ffwrdd ar gyfandir Asia, rhwng Tsieina a Rwsia.

Roedd S4C yn paratoi cyfres newydd am anialdiroedd y byd ac am wybod a fyddai gen i ddiddordeb mewn teithio yno i brofi bywyd ar ei eithaf. Byddai'n hynod o galed. Byddai'n rhaid ffarwelio'n llwyr â phethau materol bywyd a theithio drwy'r twyni am bron i fis yn ystod eu gaeaf nhw. Byddai'r tymheredd yn gostwng i tua minws 40 gyda'r nos ac mi fyddwn i'n byw efo'r ffermwyr teithiol, y Nomadiaid, mewn tirwedd llwm ac yn cysgu mewn pabell gynfas o dan sêr y paith. Daeth yr ateb yn hawdd.

Gobi ydy pumed anialwch mwyaf y byd ac mae'n gorchuddio 1.3 miliwn cilometr sgwâr. Dyma ardal grasaf fwyaf Asia ac mae'n cwmpasu dwy wlad, o rannau o ogledd orllewin Tsieina i dde Mongolia. Am ei fod yn un o lefydd mwyaf anial y byd, tydy pethau ddim yn tyfu'n hawdd. O'r herwydd, mae'r trigolion yn wydn i'r carn ac yn llwyr ddibynnol ar yr anifeiliaid o'u cwmpas i'w cadw'n fyw. Mae'r hinsawdd yma'n eithafol hefyd ac er mai dyma un o anialdiroedd oeraf y byd, gall eu hafau fod yn danbaid gan gyrraedd 122 gradd Farenheit. Yn anaml mae'n bwrw eira yn y Gobi, ond pan mae hynny'n digwydd gall fod yn drychinebus i'r trigolion. Roedd gaeaf 2012 yn un o'r gaeafau hynny ac roeddwn i, Haydn y dyn camera, Bethan y ferch sain a Rachel y cynhyrchydd ar fin cyrraedd i ganol y caledi.

Roedd glanio yn Ulaanbaatar, prifddinas Mongolia, yn ddigon i wneud i mi ddechrau cwestiynu fy ngwytnwch ar gyfer y daith. Er i mi brofi tymheredd mor isel â –13 yn y gorffennol, roedd y mesurydd y tu allan i'r gwesty rhacsiog Rwsiaidd ei naws yn dweud –23 a toeddem ni ddim wedi cyrraedd y Gobi eto.

Mae Ulaanbaatar yn ddinas sy'n prysur ehangu oherwydd y newid sy'n digwydd ym Mongolia ar hyn o bryd ond fe gefais y teimlad nad oedd hi cweit yn barod am y don o gyfalafiaeth sy wedi ei hitio'n ddiweddar. Law yn llaw â'r blociau uchel newydd yng nghanol y ddinas a'r siopau Armani a Louis Vuitton, edrychwch tua'r corneli ac yno mae pebyll traddodiadol yn cripian tua'r gorwel yn un flanced fawr. Yma mae miloedd o Fongoliaid yn magu teuluoedd mewn pentrefi di-goncrit ar gyrion dinas sy'n cynnig bywyd gwell. Does dim rhaid i chi fod yn Nomad i fyw mewn pabell. Yma, mae'r mynachod Bwdaidd a'r dynion busnes, y cyn-ffermwyr a theithwyr y paith, yn ogystal â'r clwstwr bychan o deithwyr tramor, yn ymdoddi i'w gilydd.

Yma hefyd roed Cymraes wantan yn methu symud ei cheg

rewllyd i siarad ac yn prysur sylweddoli bod pob dilledyn o'i heiddo yn mynd i fod ar ei chorff crynedig bob dydd, drwy'r dydd.

Yn dawel bach, roeddwn i'n hapus pan ddaeth y neges nad oedd hi'n bosib i ni lanio'r awyren fechan siartredig yn Dalanzadgad, prifddinas y Gobi, oherwydd y cwymp eira mawreddog a gyrhaeddodd y noson honno. Roedd yn rhaid aros yn y gwesty, a oedd yn crefu cariad, am ddwy noson ychwanegol cyn y byddai lluwchfeydd eira'r maes awyr yn clirio'n ddigonol i ni allu glanio yno.

Yn y ddau ddiwrnod hwnnw dadebrodd y corff ac agorodd y llygaid, oedd wedi eu llethu, i brydferthwch dinas oedd yn dechrau diffinio ei hun. Cerddais o amgylch hen theatrau a blociau fflatiau newydd, sgwariau llawn bwrlwm a siopau gemwaith rhad, *cashmere* a chaws gafr. Wedi dod i arfer â'r oerfel a chyfarfod ei thrigolion, roeddwn i'n barod i gyfarfod pobol gref yr anialwch ac ymgolli yn eu hanes a'u traddodiadau maith.

Wedi cyrraedd maes awyr Dalanzadgad, a chael ein cyfarch gan Ese, ein cyfieithydd, a Mongol y gyrrwr, fe'n lluchiwyd i gefn fan Rwsiaidd werdd a fyddai'n dod yn ail gartref i ni dros yr wythnosau nesaf. Roedd hon yn mynd i'n cario drwy geudyllau a phantiau, dros greigiau a rhaeadrau rhewedig, a'r cyfan wedi eu gorchuddio â'r eira gwynnaf a welwyd o dan y sêr. Roedd blanced wedi gorchuddio'r Gobi ac roeddwn i'n ysu i fynd oddi tani a dadorchuddio cyfrinachau un o lefydd mwyaf anial y byd.

Ar ôl tair awr o deithio mewn eira trwm yn y gwyll, heb weld yr un trigfan, ffordd nac anifail, yn sydyn fe ymddangosodd golau egwan ar y gorwel ac wrth agosáu, gwelsom ddwy babell fach drws nesaf i'w gilydd, tua deuddeg o gamelod wrth eu hochr ac yno, yn eu dillad traddodiadol a'u dannedd gwyn yn disgleirio yn y golau, roedd Gamal ac Aide a'u dau blentyn bach, a Mama y nain y tu ôl iddynt. Dyma ein lletty a'n lletywyr am y bedair noson gyntaf.

Cafwyd croeso i'w *ger* a chroeso i'w bywyd. Y *ger* ydy trigfan arferol pob Nomad ac, yn wir, y rhan fwyaf o boblogaeth Mongolia. Pabell gron ydy hi wedi ei llunio o dameidiau pren latys a ffelt ar y waliau. Gorchuddir y ffelt gan gynfas trwchus i'w cysgodi rhag yr elfennau. Yng nghanol y babell gron roedd tân oedd yn llosgi'n gyson. Yno roedden nhw'n llosgi preniau a gwrtaith camelod ac yn cynhesu eu te a'u cawliau cig. Fel arfer ceir ambell focs pren ar hyd ymyl y waliau cynfas i gadw blancedi a llestri. Yn y canol safai'r allor i Bwda. Wrth ochr yr allor yma ceid danteithion lu yn offrymau iddo, ac yn anrhegion i deithwyr fel ni. A dyna ni. Dim mwy. Dim llai. Roedd popeth yn digwydd yn y babell fach honno. Yno roedd teuluoedd yn trigo efo'i gilydd drwy'r eira, y gwynt a'r glaw.

Roedd Gamal tua deg ar hugain oed a'i wyneb fel lledr, yn galed a thywyll ac wedi ei erydu gan ei amgylchfyd, ac roedd ei wraig, Aide, yn wên o glust i glust ac yn ifanc a hardd wrth ei ochr. Roedd Mama, mam Gamal, yn hanner cant ond yn edrych fel dynes o leiaf ugain mlynedd yn hŷn. Roedd yn fychan a chrwn. Bu farw ei gŵr ddwy flynedd ynghynt mewn damwain nad oedd neb yn fodlon siarad amdani. Roedd y ddau fach yn eu carpiau cynnes, yn fochgoch a'u plethi'n ddu. Fe guddion nhw'n swil wrth weld y pedwar mawr gwyn eu crwyn, yn eu cotiau plu a'u hetiau ffwr, yn camu i mewn i'w cartref clyd.

Roedd hi'n bwysig wrth gamu i mewn i *ger* eich bod yn camu i'r chwith bob tro. Roedd yn rhaid eistedd ar y llawr ar eich pengliniau, heb groesi eich coesau (tasg nad oedd yn hawdd wedi teithio am ddyddiau ac yn gwisgo dau bâr o *long johns* a throwsus sgio trwchus). Roedd hi'n ofynnol i westeion eistedd yn syth i'r chwith o'r drws o fewn y cylch cynfas ac i'r teulu eistedd yn y canol yn eich wynebu. Cynigiwyd danteithion ac roedd gwrthod yn bechod mawr. Roedd y danteithion Mongolaidd yn dwyllodrus iawn. Er eu bod yn hynod ddeniadol, roedd eu blas yn adrodd stori dra gwahanol. Wrth blannu fy mysedd o gwmpas y fferins gwyn a'u gosod ar dafod llwglyd, mi wnaeth y llwnc cyntaf ddatgelu mai caws camel oeddynt, wedi eu sychu y tu allan i'r *ger* am fisoedd dros yr haf, ac yna eu torri'n flociau deniadol. Oherwydd fy nhrachwant diniwed, gorfodwyd fi i lyncu dwy.

Mae'r Mongoliaid yn onest iawn a tydy gweniaith ac eironi ddim yn amlwg ym mhobol y gronynnau tywod. O fewn chwarter awr roedd Mama wedi datgan bod y wisg draddodiadol yr oedd wedi bod yn ei phwytho i mi ers wythnosau yn mynd i fod llawer rhy fach, am 'mod i'n ferch dew Ewropeaidd, a phan ddywedais mai deugain oed oeddwn i, dywedodd 'mod i'n edrych yn hŷn! Daeth Mama a fi'n ffrindiau da!

Y noson gyntaf honno profais y bwyd a fyddai'n ddeiet rheolaidd imi dros yr wythnosau nesaf. Yn morio mewn dysgl o lefrith camel wedi ei ffermentio, roedd tameidiau o hen ddafad wedi eu sychu ers misoedd ac ambell asgwrn yn arnofio ar eu pennau. I gyd-fynd â'r cyfan, cafwyd te cryf hefo llaeth camel wedi ei lwytho efo halen. Dyma'r halen a'r braster oedd yn eu cynnal nhw dros fisoedd oer y gaeaf. Dyma beth fyddai'n rhaid i'r stumog dendar Gymreig orfod addasu iddo'n araf bach.

Roedd llonyddwch y symudiadau perfeddol o ganlyniad i'r cyfuniad yma'n fendith ar y cyfan, gan fod mynd i'r tŷ bach yn rhywbeth nad oeddech am ei wneud yn rhy aml. Yn fy niniweidrwydd ar ddiwedd y noson gofynnais ble y dylai rhywun fynd i ddiwallu yr angen hwnnw a phwyntiodd Gamal i gyfeiriad y camelod a datgan 'yn yr anialwch'. Diolchais yn daer am y gwersi pilates diweddar gan fod hofran uwchben y tir oer mewn tymheredd o -27 yn rhan annatod o bob diwrnod. Ro'n i hefyd yn lwcus nad wyf yn eithafol pan mae'n dod at lendid personol. Roedd yna ryddid mawr mewn peidio â gorfod molchi a newid am wythnosau ac roedd y gwallt wrth ei fodd yn cael chwarae'n wyllt a pheidio ag ymgrymu i hualau eli dofi na sychwr gwallt.

Ar y noson gyntaf honno, wrth roi fy mhen i lawr ar y llawr caled yn y babell drws nesaf i'r teulu, fe ddewisais i a'r tri arall o Gymru ein shifftiau er mwyn deffro i gynnal y tân. Caewyd botymau'r cynfas ar yr awyr fwyaf serog a welais erioed a gwenais wrth deimlo mor fach yn y byd, gan edrych ymlaen at y bywyd syml oedd i ddod.

Roedd y dyddiau nesaf yn gyfuniad o ddidoli geifr a theithio am oriau ar gamel i dynnu dŵr o'r unig ffynnon o fewn hanner can milltir. Roedd Mama'n dod â dagrau i'm llygaid wrth iddi ganu ei chaneuon gwerin i gysuro camel oedd wedi colli ei blentyn. Daeth dau fach a'u gwalltiau plethog yn gysgodion i mi wrth inni chwerthin a chwarae yn yr eira tew. Rywsut roedd popeth yn teimlo'n bosib yma ac roedd y teulu'n teimlo'n gryf ac yn llawn egni wrth frwydro i gadw'n fyw mewn lle mor anial. Roedd y ddibyniaeth ar yr anifeiliaid yn absoliwt ac roedd hi'n hanfodol eu cadw'n fyw yn y gaeaf. Gan y camelod y deuai'r cig, y llefrith, y gwrtaith i'r stôf a'i gynhesrwydd, a deuai'r geifr â gobaith am gelc ychwanegol am eu *cashmere* proffidiol. Byddai'r defaid yn cael eu lladd yn yr haf, eu halltu a'u hongian y tu allan ar y cynfas am fisoedd er mwyn cael cig drwy'r gaeaf.

Yr unig arwydd o'r byd modern ym mywyd y teulu oedd moto-beic Gamal, ei drysor mawr. Gwelsom arwyddocâd hwnnw wrth glywed i gamelod ei gymydog, oedd yn byw tua chwe milltir i ffwrdd, fynd ar goll yn y gawod eira fawr. Neidiais ar gefn y moto-beic ac i ffwrdd â ni dros greigiau garw, llithrig a thwyni claerwyn i fugeilio'r praidd coll. Wedi cyrraedd y *ger* cawsom yr un croeso twymgalon gan deulu arall oedd yn brwydro i fyw. Ar ôl cael te hallt a lwmp o gaws camel sych gan wraig ifanc y cymydog, fe dorrodd sŵn anghyfarwydd ar y tawelwch ac yno ar y llawr roedd babi bach ychydig ddyddiau oed yn crio yn ei sach gysgu glyd, croen gafr, yn deall dim bod bywoliaeth ei dad yn y fantol. Wedi oriau o chwilio ymhell i'r nos, canfyddwyd y praidd a'u hyrddio yn ôl tuag adra, ac roedd gaeaf y ffermwr ifanc yn teimlo'n fwy gobeithiol.

Roedd gweld eu cariad angerddol tuag at eu hanifeiliaid yn cynhesu'r galon. Byddai Aide'n mwytho'r camelod yn dyner wrth fy nysgu i'w godro. Roedd Mama'n canu cân werin arall wrth fagu gafr feichiog yn ei breichiau ac roedd y ddau blentyn yn cario'r wyn bach fel doliau yn eu breichiau.

Daeth y noson olaf i ben o amgylch y tân yn y *ger* teuluol ac wrth i fodca (o lefrith camel) lifo i lawr y cyrn gyddfau daeth caneuon y ddau ddiwylliant i gynhesu'r nos. Gafaelodd Mama'n dynn yn fy llaw wrth iddi ganu cân i'n cadw'n ddiogel ar ein taith drwy'r anialdir garw mae'n ei alw'n adra. Wedi chwerthin go iawn wrth weld mai gwir pob gair oedd geiriau Mama am faint y dilledyn cywrain a wnaeth i'r ferch fawr walltog o'r cyfandir anghyfarwydd, edrychais drwy'r tyllau yn y drws a sylweddoli na fyddwn yn gweld awyr fel'na fyth eto.

Ar ôl bendithio teiars ein fan Rwsiaidd efo llefrith camel a chael llond fy mhocedi o'r danteithion chwerw gwyn, ro'n i'n barod i'r antur barhau, ac ymlaen â ni i brofi caledi o fath gwahanol yn yr anialdir hwn.

Roedd traddodiad y Nomadiaid dan fygythiad bellach wrth i nifer o ffermwyr ifanc y Gobi gael eu hudo i'r mwyngloddfeydd newydd sy'n prysur dyfu yn y tywod. Mae'r Gobi, yn llythrennol, yn eistedd ar drysor ac mae'r mwynau cyfoethog, yn gopr, aur a glo yn denu cwmnïau mawr o amgylch y byd megis Rio Tinto i agor mwynfeydd anferth yma. Oherwydd y gaeafau dinistriol, fel un 2012, sy'n lladd eu hanifeiliaid, roedd y bechgyn ifanc yn cael eu temtio gan arian rheolaidd a'r cyfle i gyd-fyw efo bechgyn yr un oed â nhw, ac yn cefnu ar eu hen ffordd o fyw er mwyn cynnal eu teuluoedd yn y mannau mwyaf anial.

Yn y mannau anghysbell hyn roedd bron i hanner y boblogaeth yn byw mewn tlodi. Roedd poblogaeth denau'r wlad a lefelau uchel y gweithredoedd llwgr yn ddraenen yn ystlys y llywodraeth ond roedd llawer yn gweld y darganfyddiadau diweddar o dan y ddaear yn ddechrau newydd i ddyfodol economaidd mwy disglair. Roedd y llywodraeth o blaid y mwyno ac yn gwneud popeth o fewn eu gallu i groesawu'r datblygiadau. Ond roedd dwy ochr i bob stori.

Am y ddau ddiwrnod nesaf, byddem ni'n mynd ar drywydd ninjas y chwareli anghyfreithlon. Dyma'r dynion oedd yn byw mewn gobaith y byddai darganfod yr un tamaid bach o aur yna yn newid eu bywydau am byth. Roedd mwyno anghyfreithlon yn rhemp ym Mongolia bellach ac roedden nhw'n amcangyfrif bod tua can mil yn peryglu eu bywydau yn ddyddiol er mwyn chwilio am yr un trysor bach ar waelod yr enfys.

Buom yn chwilio am y ninjas aur hyn oedd yn gweithio heb drwyddedau a heb unrhyw reolau iechyd a diogelwch. Dynion oedd y rhain oedd yn gweithio fesul dau neu dri, yn cropian am filltiroedd drwy dwneli bach tywyll. Lamp oedd yn cynnig yr unig olau. Roedden nhw'n cloddio efo hen offer cyntefig a'r waliau'n friwsion o'u cwmpas. Dyma dwneli oedd wedi eu codi â llaw heb unrhyw strwythur i'w cefnogi. Roedd y dynion yn llenwi hen droliau pren, eu hanadl yn fyr ac yn chwerw yn yr aer. Er y buddsoddiadau gwerth miliynau o ddoleri, y glo anghyfreithlon sy'n cynhesu hanner y brifddinas yn ystod y gaeaf a'r aur yma sy'n mwytho cledrau dwylo bandits aur mawr y wlad.

Fyddai cael gafael ar y dynion yma ddim yn hawdd gan nad oeddynt, yn amlwg, am gael eu gweld ar gamera, ond fel y digwydd y rhan fwyaf o bethau yn y Gobi, roedd ffrind i ffrind i ffrind wedi gaddo bod dau o'r ninjas yn fodlon siarad â ni. Roedd yr enw 'ninjas' wedi ei dadogi arnynt oherwydd fod eu gweithredoedd tanddaearol yn digwydd gyda'r nos a'r dysglau mwyno aur mawr ar eu cefnau yn golygu eu bod yn ymdebygu i'r Teenage Mutant Ninja Turtles a welwyd ar y teledu yn y nawdegau.

Roedd y ddau ddiwrnod nesaf yn rhai swreal wrth i ni fargeinio â Nomadiaid ar gamelod a moto-beics, cael ein cludo o dan greigiau i *gers* a threulio noson, yn annisgwyl, ym mhabell bugeiles yn ei thridegau nad oedd wedi gweld un enaid byw ers tair wythnos. Wrth i'r haul fachlud, fe ddilynon ni ddau feic modur dau ninja oedd yn fodlon dangos eu ceudyllau anghyfreithlon i ni. Roedd eu hwynebau wedi eu gorchuddio â bandanas coch ond roedd yr aroglau alcohol yn treiddio trwyddynt.

Wrth barcio'r fan yng nghanol yr ehangder gwelsom olau egwan wrth i'w cyd-weithiwr godi ei ben o'i ffau. Roedd yn stumio arnom i'w dilyn. O fy mlaen gwelais bedwar neu bump agoriad oedd yn ddim mwy na maint olwynion beic ac wrth agosáu daeth eu natur gyntefig i'r amlwg. Roedden nhw'n gwau i'w gilydd ac roedd hi'n rhyfeddol eu bod yn dal ar agor. Fe wthiodd y dynion eu cyrff cleisiog i mewn a dangos sut roedden nhw'n mynd ati i grafu a hidlo'r pridd. Roedd ffyrnigrwydd i'r ceibio a chwalu daear a gwelais eu hanadl tryloyw yn anobeithio yn y golau. Bob hyn a hyn roedd un ohonynt yn edrych tuag ataf wrth i mi wylio'r gweithwyr o graig gyfagos. Anesmwythais wrth i'w lygaid pefriog feirniadu fy llonyddwch a'm cyfforddusrwydd.

Mi wnes eu cyfweld o fy sedd ar y graig. Wedi iddynt

ddringo o'r dyfnderoedd yn waglaw, daeth eu storïau'n fyw a gwelais y bodau dynol y tu ôl i'r bandanas. Fe eglurodd yr un lleiaf yn eu mysg mai dyma'i unig obaith o geisio cefnogi ei ferch fach oedd yn dioddef o afiechyd meddyliol. Roedd angen iddi weld arbenigwyr yn y brifddinas ond heb arian i brynu diesel ar gyfer y daith, a'r arbenigedd wedi cyrraedd yno, doedd dim gobaith am wellhad. Byddai darganfod un tamaid bach o aur yn newid ei ddyfodol yn llwyr.

Y noson honno aethom yn ôl i'w ger ac wedi tynnu ei fandana a chynnig te llefrith hallt i ni, daeth y ferch fach i eistedd ar fy nglin a chwarae efo fy ngwallt. Y noson honno rhoddodd y teulu bopeth oedd ganddyn nhw i ni. Bellach yr wyf wedi darllen bod bargen wedi ei tharo â'r mwyngloddwyr fydd yn eu galluogi i geisio am drwyddedau cloddio cyfreithlon. Mae gobaith felly.

Roedd ein taith nesaf yn dra gwahanol wrth i ni fynd i gyfarfod bachgen ifanc oedd yn astudio i fod yn fynach Bwdaidd. Tan 1990 roedd Mongolia'n wlad gomiwnyddol ac ers y 1930au, fe ddinistriwyd bron pob mynachlog Fwdaidd yn y wlad. Lladdwyd y rhan fwyaf o'r mynachod ac fe orfodwyd y lleill i briodi. O ganlyniad fe guddiwyd nifer o ysgrythyrau a gwrthrychau crefyddol, ond ers dwy ddegawd bellach mae'r trysorau yma'n prysur ddod i'r fei. Mewn gwirionedd ni adawodd yr ysbryd crefyddol Bwdaidd y tir a rŵan mae addoli agored a mynachlogydd yn pupuro'r wlad ar ei hyd. Bellach ceir dros ddau gant o demlau yn y wlad a bron i bum cant o fynachod, ac un o'r rhai ifanc hynny oedd Tukamaan oedd yn byw ym mhrifddinas y Gobi yn Dalanzadgad. Roedd cyrraedd y ddinas yma'n sioc i'r system wedi dros bythefnos yn yr anialdir dwfn efo'r ffermwyr teithiol a'r mwyngloddwyr anghyfreithlon. Er bod yr eira'n dal yn drwchus roedd hi'n bosib gweld olion ffyrdd am y tro cyntaf.

Mae'r rhan fwyaf o ddeunaw mil o drigolion y ddinas yn byw mewn rhesi o *gers* o gwmpas y ddinas ond fe welir blociau o fflatiau'n dechrau ffurfio yma hefyd a gwestai concrit yn croesawu'r dynion busnes sy'n dod i'r mwyngloddfeydd. Yn un o'r rhesi *gers* yma roedd Tuka a'i rieni'n byw. Roedd y *ger* yma'n fwy addurniedig na rhai'r ffermwyr teithiol ac roedd cabinet gwydr a drych ac iddo rimyn du, yn sefyll yn dalsyth wrth ochr yr allor hardd. Ar yr allor y rhoddwyd trysor pennaf y teulu – llyfr crefyddol Bwdaidd a gafodd ei guddio o olwg y Comiwnyddion am ddegawdau. Roedd yn eiddo i ewythr y bachgen bach. Bu farw'r ewythr yr un diwrnod ag y daeth ei nai bychan i'r byd un mlynedd ar ddeg yn ddiweddarach, ac o'r herwydd roedd y teulu'n grediniol fod y bachgen yn mynd i dyfu i fod yn feistr ar ddarllen yr ysgrythurau ac y byddai'n fynach enwog rhyw ddydd. Cynlluniwyd llwybr ei fywyd o'r eiliad honno.

Chwerwfelys oedd ei weld yn perfformio'i ddefodau crefyddol yn wylaidd yn y *ger* cyn mynd i'r ysgol. Roedd yn cael ei drin â pharchedig ofn gan ei gyd-ddisgyblion yn y stafell ddosbarth yn yr ysgol uwchradd wladwriaethol, yna'n mynd i'r deml at y mynachod hŷn bob prynhawn. Wrth edrych ar y bachgen bochgoch a'i ben moel, toeddwn i'n methu peidio â meddwl am fy nai bach un ar ddeg oed innau sy'n cael y rhyddid i fod yn blentyn cyn penderfynu beth fydd ei daith drwy'r byd. Roedd pwysau teuluol mawr ar ysgwyddau Tuka yn ei lifrai oren. Mae gan fynachod statws uchel mewn cymdeithas ond wrth siarad efo'r un bach, a oedd yn sibrwd ei eiriau wrtha i, roedd yn amlwg fod unrhyw ddewis wedi ei ddwyn oddi arno.

Y prynhawn canlynol roedd gwasanaeth mawr yn y deml, dathliad oedd yn digwydd unwaith y flwyddyn. Roedd hi'n ofynnol i bob un gario ysgrythurau cysegredig nifer o weithiau o amgylch y gofod cyn offrymu arian a danteithion i'r mynachod. Yma y daeth arwyddocâd y defodau yn y *gers* yn glir wrth i ninnau orfod symud o gwmpas y deml drwy gamu i'r chwith a pheidio â throi ein cefnau ar yr allor. Fe'n bendithiwyd i gyd gan y mynachod, a phawb yn ymrafael am y cortyn ysbrydol gwyn, ac yn gafael ynddo'n dynn wrth symud o'u hamgylch hwy tra'u bod nhwythau'n llafarganu a tharo symbalau. Yno, yn y gornel, roedd Tuka'n chwarae â ffôn symudol newydd ei fam.

Roedd y dyddiau nesaf yn ddiwrnodau o dyrchu ein hunain o ambell dwll yn yr eira wrth i Mongol y gyrrwr ddechrau ymlacio a dangos ei hun ar y daith drwy'r paith i chwilio am lewpart eira. Buom yn cerdded rhaeadrau wedi'u rhewi'n gorn, gyrru'n wyllt ar ôl blaidd a oedd newydd reibio dwy afr feichiog un o'n lletywyr croesawgar a dathlu bywyd y camel mewn gŵyl flynyddol sy'n ceisio arddel hen draddodiadau y paith. Yn yr ŵyl honno y gwelsom yr hen berthynas rhwng y ffermwr a'i gamel wrth iddo ei laswio, ei odro, ei arddangos a'i rasio. A'r wobr i bencampwr gŵyl draddodiadol y camel? Beic modur newydd sbon, yr union beiriant sy'n peryglu lle yr anifail ar y tywod!

Mae'r camelod Bactrian yma'n bwysig iawn ar hyn o bryd, eu dygnwch yn ddihafal wrth i'w carnau enfawr droedio'r paith am dros gan milltir heb iddyn nhw orfod yfed diferyn o ddŵr. Ond mae cyflymdra'r beic modur a'r symud enfawr i'r mwyngloddiau newydd yn prysur fygwth yr hen ffordd o fyw.

Wedi cyrraedd ein cyrchfan newydd yng nghesail y twyni yng nghanolfan ymchwil cadwraeth llewpart eira y Gobi, sylweddolais fod fy amser yn y wlad arbennig hon yn dod i ben. Ein gorchwyl olaf oedd ceisio dod o hyd i'r llewpart eira prin oedd yn trigo yn ardal ddeheuol yr anialwch. Mae Mongolia'n gartref i'r ail boblogaeth fwyaf yn y byd ar ôl Tsieina. Er fy mod yn gwybod yn fy nghalon na fyddem ni'n dod wyneb yn wyneb ag un o'r chwe chant o greaduriaid oedd ar ôl yn y wlad, roedd troedio'r creigiau a dilyn llwybrau ac olion traed ffres yn cyflymu'r galon. Mae'r llewpart prin yma'n aelod o deulu'r cathod mawr sy'n byw yn anialdiroedd Asia. Dim ond tua pedair mil maen nhw'n amcangyfrif sydd ar ôl bellach ac mae'r rhifau'n lleihau oherwydd eu bod yn cael eu lladd gan ffermwyr lleol oedd yn ceisio gwarchod eu hanifeiliaid. Byddan nhw hefyd yn cael eu lladd ar gyfer y farchnad ffwr a bydd eu perfeddion yn gallu ennill prisiau uchel iawn ar y farchnad feddyginiaeth yn Tsieina. Roedd yn fraint cael gweithio â chadwraethwyr oedd wedi cysegru eu bywydau i achub yr anifail hardd hwn, ond mynd oddi yno heb weld yr un wnaethom ni.

Ddiwrnod yn unig cyn dal yr awyren fechan yn ôl am y brifddinas fe agorais ddrws y *ger* yn y ganolfan gadwriaethol ac yno o fy mlaen, yn disgleirio yn haul cryf cyntaf diwedd Mawrth roedd y twyni tywod melyn. Penderfynodd y Gobi ddinoethi o fy mlaen ac arddangos ei wir liwiau. Roedd yn rhyfedd gweld y gronynnau tywod roeddem wedi eu troedio ers bron i fis ond heb sylwi arnynt. Fe doddodd yr amdo gwyn o'r diwedd a datgelu ei gyfrinachau.

Pa ddiwrnod, Nain?

PA DDIWRNOD, NAIN, y penderfynoch chi gymryd eich bywyd eich hun?

Pa ddiwrnod, Nain, y penderfynoch nad oedd yr un wrth eich ochr yn ddigon o ddyn i'ch caru a'ch cynnal am flynyddoedd yn eich anabledd?

Pa ddiwrnod, Nain, y penderfynoch nad oeddech am gaethiwo'r pedwar mab a fagoch mor ofalus drwy dlodi ac angen?

Pa ddiwrnod, Nain, y penderfynoch nad oedd lle i chi yn ein byd ni? Pa ddiwrnod, Nain?

Pa ddiwrnod, Nain, y sylweddolais i fod fy nghof cyntaf i a'ch anadl olaf chi yn gymdogion ar y calendr ar y wal?

Wrth i mi edrych i fyny o oerni teils coch y gegin i fyw eich llygaid, roeddech chi'n gwybod mai dyna'r tro olaf i chi wylio eich wyres dair oed yn rowlio ar y llawr.

Ai dyna pam mae'r un deigryn unig a lifodd i lawr eich boch esgyrnog wedi ei saernïo ar fy nghof?

Fe welais eich poen yn yr ennyd honno. Fe deimlais eich ffarwél.

Syllu ar walia' (blwyddyn ddrwg)

DERBYNIA FOD DYNION talentog yn meddu ar bennau prysur. Hyn sydd yn eu gwneud nhw'n oer. Gafael yn dy got a dy urddas a cherdda'n bwrpasol at yr un ifanc nawddoglyd wrth y til. Tala am y gwydraid gwin drud a gwna esgus dy fod ti yn y bwyty anghywir. Gwna jôc am dy gof a dy oedran. Dweud wrthat ti dy hun na fydd hyn yn cael digwydd eto.

Paid â phwyso botwm y ffôn. Mae tân gwyllt yn ennyn gwallgofrwydd a chwant, yn enwedig am hanner nos. Gwylia dy ffrindiau a'u cariadon yn llyfu ei gilydd o dan y sêr newydd ac argyhoedda dy hun mai cuddio eu tristwch mae rhai ohonyn nhw. Gwagia dy ymennydd o'r lluniau ohono yn gafael yn dynn am ei gyfleustra cudd.

Paid â disgwyl i'r dyfodol sboncio atat ti'n rhwydd ac yn ysgafn a glanio'n hardd ar dy blât. Gafael ynddo a'i fowldio yn dy ddwylo bach. Sylla i fyw ei lygaid a dweud dy fod ti'n barod. Edrycha ar yr eira'n gorchuddio'r waliau, gan wybod mai buan y bydd yn dadmer i ddadorchuddio'r mwsog meddal trwchus. Dweud y gwir.

Dinoetha a phlymia'n ddewr i fôr y mis bach. Cynna dân a rhynna wrth yfed y baned piso dryw. Neidia i dy fan a chwarae'r gêm chwith dde. Cyrhaedda nunlle a'i wneud o'n adra. Edrycha ar y negeseuon a phenderfyna beidio â'u hateb. Lluchia dy ddillad a theimla fel aderyn prin. Gwaedda fel plentyn a dweud 'dwi'n fi'. Gwranda ar dy eiriau a'u credu bob un. Neidia ar ben y wal ac edrycha'n uwch i fyny. Lluchia'r llyfrau gan de Botton a'i griw. Creda dy fod ti'n chdi.

Edrycha ar yr Olwyn Fawr yn troi ar y lanfa a phob cawell yn wag. Neidia arni a theimla ei chylch yn dy dynnu yn uwch i'r awyr lwyd. Gwylia fysedd y cloc yn crafu ei wyneb ei hun ac edrycha ar y goleuadau rhad. Meddwa yn hyll ac yn flêr. Gwylia'r cychod yn gwthio eu ffyrdd trwy'r dŵr a gwranda ar eu gyrwyr yn gweiddi eu gwahoddiadau cras. Neidia. Gwylia'r bae oer, lliwgar. Gwylia nhw'n mwynhau ei gilydd. Gwylia. Neidia.

Derbynia fod blodau'n hyll. Gwylia nhw'n crebachu yn y dŵr budr. Sylla ar y wal wen o dy flaen a phaid ag yngan gair. Gad iddyn nhw yn y siacedi glân dy brocio a dy agor. Dweda ddim. Nid dy waith di ydy hynna. Sylla ar y wal wen o dy flaen. Rho wên iddyn nhw bob hyn a hyn. Gad iddyn nhw feddwl fod pethau'n gwella. Eu bod nhw'n dy wella di. Cadwa'r gwacter i chdi dy hun. Sylla'n hirach ar y wal wen. Hon sy'n gwybod. Dweud wrthi dy fod ti'n edmygu ei chryfder a'i llonyddwch. Rho dy law arni a theimla ei hoerni. Yr un ydy pob wal. Gwena eto a dweud bod popeth yn iawn. Gwada a gwena a llynca ac yfa a chytuna. Arogla'r blodau hyll a diolcha. Diolcha a gwena. Gwena.

Garddia. Mae pawb sy'n garddio'n gwenu. Penderfyna dy fod ti'n licio blodau wedi'r cyfan. Mae'n haws. Gwerthfawroga'r tir a phlannu a hau. Tyrcha a chwynna. Gwella. Dos i'r theatr a dweda fod y ddrama'n dda. Ymuna yn eu sgwrs a chyfranna'n hael. Sylla ar y glaw yn bwydo'r tir a'r cerrig bach yn angori'r wal. Gwylia'r waliwr a gwranda ar ei gân. Meddwa ar ei onestrwydd ifanc. Gafael yn dynn yn dy hun a lleddfa'r ofn. Cria. Cria nes dy fod ti'n sych. Eistedda yn y sychder a mwynha. Ymhyfryda nad oes dim ar ôl. Cysga yn y gwely sy'n cynnig dim.

Pryna gi. Un maint canolig ag anian clên. Cara fo. Ymrwyma dy hun i rywbeth byw. Gwylia fo'n dy wylio di a phaid ag ofni beth mae'n ei weld. Cerdda drwy'r coedwigoedd efo fo. Dringa'r mynyddoedd a theimla'n iach. Blina arno fo. Derbynia na elli di feithrin dim byd byw. Ystyria gael cath neu bysgodyn aur. Chwardda nes dy fod ti'n sâl.

Dweda dy fod ti'n cysgu'n well. Gwrthoda'r tabledi a gwga arni hi sy'n dweud bod yn well i ti fynd at rywun sy'n dy ddeall di'n well. Chwilia am y wal wen a chrea dy naratif newydd arni. Gwylia hi a chyfarwydda dy stori dy hun. Ti piau'r wal. Dewisia dy ffurf. Mae popeth yn hardd ar ffilm. Gad y tameidiau hyll ar y llawr. Does dim angen rhannu'r rheina'r tro yma. Tawela dy hun fod hon yn dy ddeall yn well na'r llall. Dweda gelwydd. Dweda fymryn o wir. Paentia dy lun a thynna'r gwlân dros dy lygaid dy hun.

Gwylia'r ddeilen yn newid ei lliw o dy flaen. Gaddo na fyddi di'n crino fel hithau flwyddyn yma. Oedd, roedd hi'n hen, ond eleni fyddi di'n cael dy eni. Gwranda arnyn nhw drws nesa wrthi eto. Gwena gan wybod mai ffugio mae hi. Arhosa ar ddihun heno. Mae'r nos yn ffrind. Yn llyfrgell. Treiddia ar hyd ei choridorau a phica i'w hadrannau lu. Tria ddeall pam. Diolcha fod yr hydref yma a bod yr haf wedi ei fyw. Paid â'i adael o.

Dos i amgueddfa a dechreua gwrs ar y we. Datgan dy fod ti'n rhywun newydd. Yn rhywun gwell. Rhywun glân. Llynca nhw a sylla ar y wal. Gwahodd dy ffrindiau draw. Gwena a chuddia. Pryna flodau hyll a'u rhoi ar y bwrdd. Atal dy hun rhag dreifio'n noeth drwy'r ddinas yn gobeithio cael dy ddal. Atal dy hun rhag gwthio dy fys i lawr dy gorn gwddw i wagio a gwagio mwy. Atal dy hun rhag ffonio un o'r rhai ffyddlon am ffwc. Ymwrola a gwerthfawroga. Gwranda ar seiren yr ambiwlans a diolcha. Edrycha arnyn nhw'n gwylio pob ystum. Gwranda a gwena. Chwardda, gwylia, gwga, synna, chwala. A rhanna.

Pryna dân gwyllt a choda goelcerth yn yr ardd. Gollynga'r chwyrligwgan yn rhydd i'r nos. Edrycha arni'n goleuo'r stryd yn flêr a swnllyd a digyfeiriad. Gwylia hi.

Paid ag edrych eto. Gad iddyn nhw feddwl dy fod ti'n llawn edmygedd. Gwena eto gan wybod yn union beth maen nhw'n ei feddwl. Edrycha ymhell i'r pellter a'u hargyhoeddi bod dy feddwl yn llawn syniadau gwych am ddyheadau a dyfodol. Sylla ar y waliau sy'n rhedeg i ffwrdd y tu hwnt i ffenestr fudr y bws. Y waliau hyn sy'n fwsog trwchus oer.

Paid â dweud wrtha i pwy ydw i.

Paid â dweud wrtha i sut mae byw.

Ar ben y byd

Pe byddech yn rhoi'r enw Nepal i mewn i gyfrifiadur, byddai'n egluro ei bod yn wlad dirgaeedig yn ne Asia, yn ffinio â Tsieina i'r gogledd ac India i'r de, y gorllewin a'r dwyrain. Mae'n gartref i dros ddau ddeg saith miliwn o bobol ac mae wedi ei lleoli yng nghanol mynyddoedd enwog yr Himalayas, sy'n cynnwys wyth allan o ddeg o fynyddoedd uchaf y byd sy dros 8,000 metr. Dyna'r ffeithiau moel. Ym mis Tachwedd 2016 cefais i'r cyfle i brofi ei thirwedd gwallgof ac adnabod ei phobol a'i hanes hen.

Yn wahanol i deithio i Fongolia, lle roedd yn rhaid gwneud gwaith ymchwil ar leoliad anialdir y Gobi, yr oedd Nepal ar fy rhestr fer o wledydd yr oeddwn i'n awchu i deithio iddynt.

Ers pan oeddwn yn blentyn, roeddwn wedi cael fy hudo gan storïau'r mynyddwyr enwog yn concro Everest a'i theulu o lethrau tal ac wedi darllen am draddodiadau a chrefyddau hynafol y wlad.

Pan ddaeth yr alwad gan y cwmni teledu yr oeddwn wedi gweithio iddynt ym Mongolia, yn gofyn a fyddai gen i ddiddordeb cyflwyno rhaglen mewn cyfres newydd am fynyddoedd enwocaf y byd, mi wirionais yn lân. Ar un llaw, roedd yn dangos eu bod nhw'n hapus efo'r gwaith wnes i yn yr anialwch (oherwydd pethau bregus, paranoid ydyn ni gyflwynwyr ac actorion!) ond yn bwysicach, golygai y byddwn i'n cael ymweld ag un o ardaloedd mynyddig pwysicaf y byd. Roedd chwe gwlad neu diriogaeth dan sylw: Yr Andes, Yr Alpau, Rwenzori Ecuador, Y Rockies, Korea a'r Himalayas. Yn ddistaw bach ro'n i'n croesi fy mysedd mai ar yr awyren i Nepal fyddwn i. Cefais fy nymuniad ac am y pedwerydd tro ro'n i ar fy ffordd i gyfandir hudolus Asia. Ond beth oedd o 'mlaen i? Ar ba agwedd o'r wlad gymhleth a'i mynyddoedd enfawr fyddwn i'n canolbwyntio?

Mae Nepal yn un o'r gwledydd mwyaf naturiol brydferth yn y byd, yn llawn fforestydd gwyrdd, rhaeadrau gwyllt, afonydd byrlymus, copaon gwyn a themlau hynod. Oherwydd ei thirwedd amrywiol, wedi ei diffinio gan fwrlwm daearyddol, sy'n cynnwys daeargrynfeydd, hinsawdd tymhorol eithafol a phlanhigion ac anifeiliaid prin, nid gwlad hawdd i deithio ar ei hyd mohoni. Ond tydy hynny ddim yn atal y pererinion. Gan fod wyth o'r mynyddoedd uchaf ar y ddaear yn trigo yma, mae'n ennyn diddordeb a chwilfrydedd gweddill y byd. Mae'r cyfuniad gwych o fynyddoedd cyffrous a'r diwylliant diddorol a rhyfeddol yn golygu bod yn rhaid i wlad sy'n datblygu'n araf newid yn gynt na'i dymuniad er mwyn darparu ar gyfer y twf diweddar mewn teithio byd-eang.

Mae Nepal yn dal i fod yn rhannol wedi'i hynysu rhag prif lwybrau trafnidiaeth (ffyrdd, môr ac awyr) y byd. Oherwydd tirwedd creigiog a mynyddol y rhan helaethaf o ogledd y wlad, mae adeiladu ffyrdd, a datblygu isadeiledd yn gyffredinol yn anodd a drud drybeilig.

Mae mwy na thraean ei phobol yn byw dros ddwy awr o waith cerdded oddi wrth unrhyw ffordd sy'n agored drwy'r pedwar tymor, ac o saith deg a phump parth y wlad, dim ond pymtheg sy'n cysylltu â'i gilydd. Wrth gwrs, oherwydd tymor y monsŵn, tydy'r ffyrdd yma ddim ar agor yn ystod y tymor gwlyb. Mae'r diffyg hwn yn eu system drafnidiaeth yn golygu bod mynediad i farchnadoedd masnachol, cyfleoedd addysgol a chanolfannau iechyd yn anos. Ond, mae'n wlad sy'n ceisio datblygu'n gyson er yn ymddangosiadol araf.

Mae'r ansicrwydd gwleidyddol dros y degawdau diwethaf wedi cyfrannu'n helaeth at yr ansefydlogrwydd a'r datblygu a fu yn y wlad. Fe ddaethom ni i Nepal i edrych ar gynllun y llywodraeth i adeiladu ffordd i uno dwy ardal enwog yng nghanol rhanbarth Annapurna yn y gogledd, a thrwy eu huno, y gobaith oedd cyfoethogi bywyd y trigolion.

Mae twristiaeth yn ffynnu yn yr ardal hon, sy'n cynnwys un o gylchdeithiau cerdded enwocaf y wlad. Mae cylchdaith yr Annapurna dros 160 milltir o hyd ac yn un o'r clasuron gan ei bod yn rhedeg drwy ddyffryn dyfnaf y byd. Mae'n cael y teitl hwnnw oherwydd bod dau o fynyddoedd uchaf y byd y naill ochr iddi: y Dhaulagiri i'r gogledd a'r Annapurna 1 i'r de. Mae wedi ei henwebu fel un o gylchdeithiau cerdded mwyaf pleserus y byd droeon ac mae'n cwmpasu ystod eang o hinsoddau, o'r trofannol i'r arctig.

Ers 2005, fel rhan o gynllun cenedlaethol i ddatblygu isadeiledd y wlad, bu'r fyddin yn cynnau ffrwydron drwy'r creigiau ar wely'r dyffryn er mwyn uno Pokhara yn y de a mangre sanctaidd Muktinath yn y gogledd. Dyma ddringfa fyddai'n mynd â ni yn raddol o 827 metr i 4,000 metr, bron bedair gwaith yn uwch na'r Wyddfa, a thaith a fyddai'n llythrennol yn dwyn fy anadl.

Er bod rhai'n gweld y ffordd hon yn fygythiad i enw

da enwog Cylchdaith Annapurna a'r hen draddodiadau, yn gyffredinol mae'r trigolion yn siarad yn bositif am y datblygiadau diweddaraf. Yn ogystal â bodloni'r rhai sy'n ceisio gwneud bywoliaeth yn y diwydiant twristiaeth, maen nhw'n prysur ddarganfod manteision mewnfudo ac allforio cynnyrch megis afalau, brandi a jam, ac mae'r agoriadau i wasanaethau byd iechyd yn cael canmoliaeth gan yr hynafwyr mwyaf traddodiadol hyd yn oed. Fel y gwelir ar draws y byd, mae datblygiad fel hyn yn ehangu gorwelion y to iau ac maen nhw'n dechrau manteisio ar y llwybr a fydd yn eu cludo at fywyd gwell a mwy llewyrchus.

Mae'n bwysig egluro na ddylech feddwl am y ffordd hon yn yr un modd ag y byddech yn meddwl am ein ffyrdd ni, megis yr A470 neu'r A55. Welais i ddim tamaid o darmac na llygaid cath am bron i ddau gan milltir. Tydw i ddim yn meddwl bod gyrrwr ein jîp ni wedi gallu teithio ar gyflymder o dros saith milltir yr awr yn ystod y dyddiau y buom ar y lôn. Doedd dim wyneb i'r ffordd hon. Ffrwydriad drwy greigiau, afonydd, mynyddoedd a chlogfeini ydy hi, ac erbyn y diwedd roedd y cur a'r boen a achoswyd i'r corff bron yn ganol oed 'ma yn dystiolaeth gref o natur heriol y daith!

Ein gôl ni oedd canolbwyntio ar storïau amrywiol leoliadau a chymeriadau a oedd yn gallu manteisio ar ddyfodiad y ffordd newydd hon. Ond i ddechrau, roedd yn rhaid glanio yn Kathmandu.

Ystyr Kathmandu ydy 'teml o bren' ond peidiwch â chael eich twyllo. Mae ei lleoliad daearyddol yn golygu iddi gael ei hamgylchynu gan fynyddoedd mawr sy'n rhwystro cylchrediad aer. Mae aer oer yr Himalayas wedi ei ddal gan haenen gynhesach o aer uwchben sy'n rhwystro llygredd rhag gwasgaru. Oherwydd y twf anhygoel yn y boblogaeth, yn sgil mudo newydd o'r ardaloedd gwledig, mae'r llygredd a'r mwrllwch wedi cyrraedd lefel drychinebus. Mae'n anhygoel meddwl nad ydy mynyddoedd uchaf y byd, hyd yn oed, yn gallu diwallu anghenion y ddinas islaw.

Mae nifer o ffactorau yn ychwanegu at y llygredd gweledol sy'n gorchuddio'r ddinas, ond y tramgwyddwr mwyaf, heb os, ydy'r traffig difrifol. Wrth edrych allan drwy ffenestr yr awyren, mae'r cyfuniad o fynyddoedd gogoneddus uchel a mwrllwch llonydd yn rhyfeddol. Mae teithio o un lle i'r llall yn y ddinas, gan geisio cadw o fewn hualau amser ffilmio bron â bod yn amhosib. Mae'n amlwg yn tyfu ac mae'n amlwg hefyd nad oes yna gynllun ar droed i ddelio efo'r twf aruthrol hwn. Byddaf yn cofio am fy niwrnodau yn Kathmandu fel rhai a dreuliwyd mewn bws mini bychan, poeth, elfennau oedd yn ychwanegu at risg y gyrrwr a'r cyfarwyddwr o drawiad ar y galon. Hyn oll yn ganlyniad i symudiad araf y 700,000 o geir, bysiau, moto-beics a *rickshaws* sy'n un neidr barhaus ar y ffyrdd gwythiennol.

Mewn dinas o dros ddau filiwn o bobol nid oes gan un o bob pump o'r rheiny fynediad i gyflenwad trydan. O'r herwydd, mae'r ddinas yn gorfod dioddef *brownouts* dyddiol yn y rhannau mwyaf poblog. Mae hyn yn gorfodi rhai o'r trigolion i ddefnyddio *generators* sydd yn eu tro yn ychwanegu ymhellach at y llygredd tew. Mewn gwlad sy'n gartref i ryfeddodau naturiol mwyaf y byd, mae'n sobr meddwl mai hon yw'r wlad waethaf ond un o ran ansawdd aer. Bangladesh sy'n ennill y brif wobr.

Mae creithiau daeargryn Ebrill 2015 yn dal i'w gweld ar gyrion y ddinas, ac yn fy anwybodaeth, gofynnais innau i'n harweinydd beth oedd cefndir gwersyll go fawr nid nepell o brif deml y ddinas. 'Gwersyll sy'n arddangos mor anobeithiol ydy ein llywodraeth ni,' meddai'n syth. Er bod addewidion am grantiau ac atgyweirio tai wedi eu gwneud i filoedd o drigolion y ddinas yn dilyn y ddaeargryn, dal i ddisgwyl maen nhw ac mae diffyg parch yr awdurdodau'n corddi. 'Cymorth elusennol, nid arian y llywodraeth sydd wedi bod yn gyfrifol am ailadeiladu ac ailgartrefu ein dinasyddion, ac mae'n warth,' ychwanegodd.

Fe'm corddwyd innau wrth ganfod bod yr aelod gorfodol o'r llywodraeth a deithiodd efo ni am y cyfnod ffilmio cyfan nid yn unig yn cael ei fwyd a'i westy am ddim gennym (mae rhai hyd yn oed yn hawlio lwfans dillad!), ond roedd yn rhaid iddo gael mil o ddoleri mewn arian parod yn ei law ar y diwrnod olaf ond un cyn gorffen ffilmio. Dywedodd y sinach bach hwn yn ei *shell suit* a'i sgidiau pig ddim gair o'i ben wrth yr un ohonom am bron i bythefnos, er iddo gymeryd sedd brin yn y jîp orlawn o gyrff poeth ac offer ffilmio. Roedd y $1,000 yn gyfystyr â grant ailgartrefu teulu wedi'r gyflafan. Roedd yn droëdig ei weld yn byseddu'r papurau gorllewinol, gan wneud yn siŵr fod pob doler yn yr amlen wen. Gwarth yn wir.

Yng nghanol y ddinas mae teml Fwdaidd enwog Boudhanath. Mae ei llygaid lliwgar hypnotig, wedi eu paentio o dan gromen aur, yn cadw llygad ar y ddinas brysur. Fe ddifrodwyd y to aur hwn yn y ddaeargryn ac fe'i cludwyd ymaith i gael ei atgyweirio. Ychydig ddyddiau cyn i ni gyrraedd roedd wedi cael ei ddychwelyd i'w briod le, ac yng nghysgod hwn, ar sgwâr sanctaidd Durbar, y daethom o hyd i Jyoti Upadhyay, merch ifanc brydferth a anwyd ac a fagwyd yn Aberystwyth i rieni o Nepal. Fe ddaethon nhw i Gymru i fod yn feddygon yn yr 1970au a gyrru eu merched i ysgolion Cymraeg.

Roedd Jyoti a'i gŵr bellach yn byw yng nghanol Kathmandu ers tua pum mlynedd. Er ei bod yn gweld y problemau cymdeithasol, roedd hi'n amlwg yn gwerthfawrogi diwylliant modern a chelfyddydau cyffrous y ddinas. Roedd ei gŵr yn awdur a oedd wedi ysgrifennu'n helaeth am y wlad. Wedi penderfynu troi ei chefn ar y sector gwirfoddol, roedd hi bellach wedi sefydlu cwmni masnach deg ac roedd hi'n cytuno bod y datblygiadau newydd (o ran twristiaeth a hygyrchedd), yn gallu bod yn fanteisiol yn ogystal ag yn anfanteisiol. Roedd hi'n obeithiol am ddyfodol ei mamwlad ac fe adawsom ninnau'r brifddinas y noson honno yn awchu am ddechrau'r daith ar ffordd newydd fyddai'n ein swyno a'n rhyfeddu â'i golygfeydd, ei thlodi a'i chymeriadau. Fel ym Mongolia ac India, byddai'r wlad hon yn cael ei heffaith ei hun arna i.

Wedi taith awyren fechan fwyaf hudolus fy mywyd a barodd am yr hanner awr fyrraf erioed, a'r llygaid yn dechrau ymgyfarwyddo â chopaon o feintiau na alla'i eu disgrifio, fe laniodd y bocs matsys, nid anenwog am ei ffaeleddau diogelwch, ar fan glanio ar gyrion dinas sy'n ddechreubwynt i'r ffordd roeddem am deithio ar ei hyd.

Tan 1968, pan adeiladwyd y ffordd gyntaf, byddai'r daith o'r brifddinas i Pokhra yn para dros ugain niwrnod ar droed.

Mae ail ddinas fwyaf Nepal yng nghornel ogledd orllewinol dyffryn Pokhra ac mewn mannau mae mynyddoedd yr ardal yma'n codi'n sydyn o 1,000m i 7,500m mewn 30km. Mae gan Pokhra hinsawdd is-drofannol ond oherwydd ei huchder mewn mannau, mae'r tymheredd yn gymedrol. Diolch am gysgod mynydd Fishtail. O fewn hanner awr i lanio roeddwn yn fy nghrys T mewn tymheredd o 28 gradd selsiws, yn dringo i fyny mynydd roedd y trigolion yn ei alw'n fryn, er mwyn lluchio fy hun oddi arno a pharahedfan dros un o ddyffrynnoedd mwyaf gogoneddus y wlad, gan fwydo hebog o'r enw Bob. Na, nid breuddwyd feddw oedd hon.

Mae'r diwydiant twristiaeth yn ei anterth yn ninas Pokhra ar hyn o bryd a phawb a'i nain yn ceisio manteisio ar y *rupees* ychwanegol mae teithwyr newydd yn fodlon eu gwario ym mhorth y ffordd newydd. Un dyn oedd yn ceisio cynnal busnes, yn ogystal â chyfrannu at brosiectau cymunedol ac amgylcheddol dirifedi, oedd dyn dŵad o'r enw Scott. Roedd wedi llwyddo i gyfuno ei gariad a'i awch at barahedfan efo gwir bryder am adar ysglyfaethus yr ardal, ac felly sefydlodd brosiect i gyflogi, cynnal ac addysgu pobol leol. Mae adar ysglyfaethus Asia o dan fygythiad enbyd a hynny yn bennaf oherwydd cyffur milfeddygol sy'n cael ei roi i wartheg a *buffalos* er mwyn lleddfu'r boen cyn iddyn nhw farw. Gan fod yr adar yn bwydo ar y carcas, mae'r cyffur yn llifo'n syth i'w system dreulio ac yn eu lladd o fewn pedair awr ar hugain. Mae Scott yn daer bod yr adar hyn yn rhan allweddol o gymdeithas ac yn chwarae eu rhan yn y system eco drwy gael gwared ar gyrff pydredig a fyddai fel arall yn llygru ac yn risg i iechyd pobol leol. Yn y pymtheg mlynedd diwethaf mae niferoedd yr adar wedi gostwng 99.9%, sy'n gyfystyr â cholli deugain miliwn o adar.

Roedd y 'paraheboga' yn cynnig cyfle i weld yr adar anhygoel hyn yn eu cynefin ac i hedfan yn eu plith, a rhai o'r adar roedd Scott wedi eu hachub a'u meithrin ei hun, gan gynnwys Bob, yr hebog gwyn. Fy ffrind. Roedd yr arian o'r fenter yn mynd i gynnal prosiectau cadwraeth yn yr ardal, yn ogystal â noddi ysgol leol.

Ar adegau megis hon, cyn i mi luchio fy hun oddi ar ochr mynydd yn un o ardaloedd uchaf y byd, dwi'n sylweddoli nad ydw i yr un orau am ddilyn cyfarwyddiadau nac amsugno tameidiau o wybodaeth na chyngor. Roedd yr un rhewiad ymennydd yn digwydd i mi yn yr eiliadau cyn deifio yn Thailand a hefyd wrth glywed y *countdown* yn fy nghlust cyn cyflwyno *i-dot* yn fyw ers talwm. Arswyd ydy'r gair agosaf i beth mae'r iaith Gymraeg yn gallu ei gynnig i mi. Er 'mod i wedi fy nghlymu'n dynn i ddyn tebol a chanddo 'at least two hundred flights under my belt', doedd y geiriau ddim yn lleddfu nac yn arafu curiad calon hogan oedd yn dal i deimlo effeithiau pump taith awyren mewn llai na thri diwrnod, oedd yn poeni am hylif yn ei chlustiau ac a oedd yn cofio iddi gasáu pob math o brofiad oedd yn golygu chwarae efo disgyrchiant, o neidio *bungee* i unrhyw *rollercoaster* i mi fod arno erioed. Roedd hi'n rhy hwyr; roedd Bob yr hebog yn disgwyl amdanom ni yn yr awyr las denau ac roedd o isho ei dameidiau cig gen i.

O'r eiliad y gadawodd fy nhraed y ddaear sych, mi ddigwyddodd rhywbeth. Rhywbeth ysbrydol. Fe arafodd y byd, arafodd y galon efo'r byd, a daeth y galon a'r byd yn un. Ro'n i'n rhydd. Ro'n i'n hedfan ac yn cael fy arwain o un boced aer i'r llall gan Bob, oedd yn bwyta'r tameidiau cig o fy llaw ymestynedig. Ro'n i isho crio. Roedd gynnon ni gamera bach ar fy helmed, un ar y ganfas uwchben y rhaffau ac un yn llaw Scott y tu ôl i mi. Ro'n nhw'n disgwyl i mi sylwebu, ymateb yn naturiol a ffraeth i brofiad newydd. Ro'n i'n fud. Ro'n i'n llonydd a hapus a mud. Wrth i ni ddisgyn yn araf dros lyn Phewa yng ngorllewin y ddinas, roedd yn rhaid i mi ddeffro a chael hyd i'r geiriau i ddisgrifio rhywbeth nad oedd gen i, unwaith eto, y geiriau i wneud cyfiawnder ag o. Daeth rhywbeth carbwl o'r genau diolchgar wrth i mi weld mor freintiedig oeddwn i o fod wedi cael rhannu'r awyr efo'r pethau prin a phrydferth hyn.

Fe dreuliwyd y diwrnod nesaf, o chwech y bore tan fachlud haul, yn dilyn gyrrwr lori oedd yn mynd â llwyth o beipiau dur ar daith o Pokhra i bentref Jomsom oedd yn sefyll ar lan afon Gandaki a llyn Kali Gandaki. Roedd copaon Dhaulagiri a Nilgiri'n cysgodi'r dref fach fasnachol hon, ond roedd ei chyrraedd hi (ar ôl dilyn lori na fyddai Ifor Williams a'i debyg hyd yn oed yn ei chategoreiddio fel cerbyd o'r fath) yn boenus, yn araf ac yn flinedig. Roedd system awyru'r jîp wedi malu ac roedd y llwch oedd yn cael ei aflonyddu wrth i'n teiars sych ei chwipio o'r ddaear yn ein dallu ac yn peri i ni gyfogi. Roedd gweld llwyth pitw'r lori a phrofi ymdrech enfawr y gyrrwr er mwyn mynd â'r peipiau ar hyd y ffordd yma'n gwneud i mi sylweddoli a gwerthfawrogi anferthedd y dasg o geisio creu system drafnidiaeth effeithlon mewn gwlad fel hon. Roedd y peipiau, a fyddai'n rhan o'r ffordd yn y pen draw, yn cael eu dadlwytho a'u taflu ar ben twmpath o beipiau dur eraill, oedd yn dechrau rhydu, mewn cae wrth ochr y lôn yn Jomsom.

Yn Jomsom y dechreuais i sylweddoli'n iawn 'mod i'n cael trafferth i anadlu. Mewn llai na deg awr roedden ni wedi dringo 2,000 metr ac roedd y fegin yn gweld bod angen gweithio'n galetach am ocsigen prinnach. Wrth gario fy mag (dianghenraid o drwm, fel arfer!) o'r jîp i fyny grisiau cerrig yr hostel y noson honno, teimlais yn benysgafn a phenderfynu bod yn rhaid symud yn arafach a llyfnach, a llyncu mwy o ddŵr, i atal y cur pen oedd yn gallu bod yn arwydd o salwch yr uchelderau.

Yn ardal Jomsom a phentrefi hynafol Marpha a Kagbeni gwelsom bobol yn dechrau manteisio ar ddyfodiad y ffordd newydd wrth iddi hwyluso eu llwybr masnach. Dyma ganolbwynt y diwydiant tyfu afalau a sefydlwyd yng ngerddi uchel ffermydd yr ardal. Yma, mi wnaeth y ffermwr ein tywys drwy'r berllan iach a'n cyflwyno i boteli brandi cryf oedd yn cyrraedd pen eu taith ym marchnadoedd Kathmandu a Pokhra mewn byr amser bellach.

Yma hefyd yn y pentrefi bach gwledig y gwelwyd tapestri cyfoethog a phrydferth o grefyddau oedd yn cyd-wau a chydfodoli law yn llaw mewn harmoni llwyr. Mae Nepal efallai yn unigryw yn hynny o beth. Yma mae crefydd yn fwy na chasgliad o gredoau sydd wedi goroesi a'u trosglwyddo o un genhedlaeth i'r llall. Dyma guriad calon y wlad. Er bod Nepal yn enwog fel yr unig deyrnas Hindŵaidd yn y byd, mae Bwdaeth a Hindŵiaeth yn sefyll ochr yn ochr ac mae'r gymysgedd o draddodiadau a gwyliau wedi treiddio i bob haen o gymdeithas. Ychydig iawn yw'r gwahaniaethau rhwng y ddwy grefydd hyn ac wrth gymysgu hanes a diwylliant mae'n bosib rhannu temlau ac addoli duwiau cyffredin. Dyma, i mi, oedd yn egluro'r llonyddwch ysbrydol amlwg yn y lleoedd arbennig hyn yn y mynyddoedd. Roedd baneri lliwgar y Bwdyddion, sy'n cynrychioli pum elfen natur, yn chwifio eu paderau i'r awyr a'r olwynion gweddi yn troi yn yr awel wrth droed temlau sy'n gartref i'r naill grefydd a'r llall.

Doeddwn i ddim wedi paratoi fy hun ar gyfer y daith o fy mlaen, rhyw 2,000 metr i fyny'r mynydd. Fe dreuliom ni noson ym mhentref Tibetaidd cyntefig Kagbeni a cherdded ei strydoedd rhwng muriau'r gaer, yn synnu ar doriad gwawr wrth gael cip ar ei thrigolion yn dod â'u geifr a'u gwartheg drwy'r sgwâr at borfeydd ar gyrion y pentref. Plant a'u hwynebau budr yn diosg eu dillad tenau mewn tymheredd agos at rewi er mwyn 'molchi yn y ffynnon gymunedol a hen wragedd yn ymddangos y tu ôl i ddrysau pren canoloesol, eu cefnau crwm yn wellt i gyd ar ôl cysgu yn y tasau gwair yn y beudai mwd. Ond ar ein ffordd i fyny i Jharkot oedden ni, a hynny i gyfarfod plant ysgol arbennig iawn oedd yn cynnig ysbrydoliaeth yn y pentref hwn.

Mae ysgol Shree Jharkot wedi ei lleoli ar graig enfawr ar dir mynachlog Fwdaidd Dibetaidd a'i bwriad ydy cynnig addysg i blant tlotaf yr ardal ac arddel hen ddysgeidiaeth a thraddodiadau meddyginiaethol Tibet. Heb y math yma o le, byddai'r plant hyn, fel eu rhieni, yn byw heb do uwch eu pennau. Byddai eu dyfodol yn sicr yn cael ei dreulio mewn caeau reis neu'n pigo afalau mewn perllannoedd cyfagos. Mae'r ysgol nid yn unig yn cynnig addysg werthfawr iddynt, ond yn rhoi llety, dillad a bwyd ar ysgoloriaeth lawn. Heb hon, heb ddim.

Er y profiad gwych o wirfoddoli yn yr ysgol yn India, roedd y plant yn wahanol iawn. Dyheu am oroesi oedd yr un plentyn ar hugain. Goroesi a dysgu digon i allu darparu a llusgo eu teuluoedd o'r sefyllfa enbyd roedden nhw ynddi. Oherwydd llwyddiant yr ysgol roedd rhestr aros faith a theuluoedd mwyaf bregus yr ardal yn ysu am gael lle i'w plant yn y lle hynod hwn. Yma ro'n nhw'n meiddio breuddwydio am ddyfodol. O ganlyniad, roedd adnoddau'r ysgol yn cael eu gwasgu i'r eithaf a heb ymroddiad llwyr dyn ifanc yn ei dridegau cynnar o'r enw Mohan, fe fyddai wedi mynd i ebargofiant. Ymysg bodau dynol arbennig yr hen fyd yma, mae hwn ar ben y rhestr.

Roedd tad Mohan yn fynach tlawd yn y fynachlog oedd yn gwarchod yr ysgol ond penderfynodd ymfudo i India i chwilio am fywyd gwell. Dechreuodd werthu perlysiau ar ochr y ffordd. Cyfarfu â'i wraig a chael pedwar o blant. Addysgwyd y pedwar mewn ysgolion yn India ac aethant i gyd ymlaen i brifysgolion da. Roedd rhywbeth rhyfedd yn tynnu un ohonynt yn ôl i'r wlad lle cafodd ei dad ei fagu. Yn ystod ymweliad â'i deulu, wedi priodas un o'i gefndryd, aeth Mohan am dro o gwmpas yr hen bentref teuluol a dringo'r graig at y fynachlog lle bu ei dad yn addoli. Dyma'r ymweliad a achubodd ysgol oedd yn prysur farw. O'r eiliad honno, penderfynodd Mohan ei fod am ddod yn ôl i'r pentref a chyfrannu at ddyfodol yr ysgol. Roedd yn grediniol iddo gael ei anfon yma. Roedd wedi cael ei yrru i warchod hen draddodiadau ac i wneud yn siŵr fod hyd yn oed aelodau mwyaf anghenus y gymdeithas yn cael gwell cyfle. Mewn byd cystadleuol a chreulon, roedd Mohan am wneud gwahaniaeth. Mae'r gwahaniaeth hwnnw yn syfrdanol. Bu'n ddirprwy arweinydd am wyth mlynedd cyn cymryd yr awenau fel arweinydd y prosiect dros bedair blynedd yn ôl. Mae'n addysgwr, meddyg, ffrind a ffigwr tadol i'r plant i gyd.

Yma, yn y ganolfan feddygol, ro'n nhw'n cael eu trwytho mewn Saesneg, mathemateg Nepali, meddyginiaethau Tibetaidd a gwyddoniaeth er mwyn hwyluso eu taith drwy'r byd. Roedd Mohan yn ymhyfrydu yn llwyddiant pob un plentyn ar bob lefel, o'r un oedd yn llwyddo i ysgrifennu ei enw a siarad efo'r myrdd o gerddwyr oedd yn picio heibio ar eu teithiau lu i'r un oedd yn mynd ymlaen i astudio meddyginiaeth draddodiadol neu fathemateg mewn ysgolion yn Pokhra neu ym mhrifysgolion India. Roedd pob llygedyn o lwyddiant yn ei gwneud hi'n ymdrech werth chweil i'r athro brwdfrydig hwn. Roedd meddwl am gasglu digon o arian i redeg y prosiect yn ei gadw'n effro'r nos, ond rywsut, drwy garedigrwydd ffrindiau yn India, elusennau yn Ewrop a chyfraniadau gan deithwyr gwerthfawrogol, roedd yr ychydig o dan bymtheg mil y flwyddyn angenrheidiol yn cyrraedd y man priodol.

Cafodd fy mhen innau ei chwalu fymryn hefyd, nid yn unig gan 'mod i'n gorfod paffio am aer wrth chwarae gemau bach corfforol ar yr iard efo'r plant, ond wrth brofi sut oedd gweithredoedd anhunanol un dyn yn effeithio ar ddyfodol cymaint o fodau dynol llai ffodus. Roedd amser cinio yn eu mysg yn taro'r maen i'r wal wrth i ni ddeall bod y dyn diddannedd carpiog a fu'n sefyll wrth giatiau'r ysgol drwy'r bore yn dad i un o'r merched bach, a'i bod hi'n mynnu cadw hanner ei chinio bob dydd er mwyn ei drosglwyddo'n slei i'w thad.

Rydym yn treulio'r diwrnod cyfan yn eu mysg, yn eu gwylio'n addoli, yn dysgu Saesneg a'r iaith Dibetaidd, ond yn y chwarae di-iaith roedd y gwir bersonoliaethau'n disgleirio a rywsut ro'n ni'n llwyddo i ddod i adnabod ein gilydd yn yr ychydig oriau hynny. Roedd eu gadael yn anodd oherwydd mae plant hapus a diolchgar yn dangos eu cariad yn hawdd. Cefais fy ngwasgu'n slwj wrth ffarwelio a rhoddodd hynny ryw egni newydd i mi yma yng nghanol y mynyddoedd. Roedd yna ymdeimlad o ddyfodol ymysg y llygaid a'r gwenau llydan ac roedd y daith jîp yn ôl i'r hostel yn llai poenus y noson honno.

Pen draw ein taith, ac yn llythrennol diwedd y ffordd drwy'r Annapurna, oedd y ddringfa i un o fangreoedd pwysicaf a mwyaf sanctaidd Nepal. Mae Muktinath yn bererindod enfawr i'r Bwdyddion a'r Hindŵiaid fel ei gilydd ac roedd hynny'n amlwg yn nifer y cerddwyr a'r cerbydau oedd wrthi'n dringo o'n blaenau. Bychan oedd y deml, yn sefyll 4,000 metr uwch lefel y môr, ond roedd yn denu addolwyr y ddwy grefydd yn eu miloedd bob blwyddyn. Roedd hi'n symbol o ryddid a gobaith a'r pererinion yn dod yma i folchi yn y dŵr cysegredig oedd yn llifo o'r mynyddoedd a thrwy wynebau cant ac wyth o deirw carreg. Hyd yn oed pan oedd y dŵr wedi rhewi'n gorn, ro'n nhw'n heidio yma i gyffwrdd y rhew a'i falu a'i roi ar eu cyrff oer.

Siomedig oeddwn i, yn anffodus, ar ôl dringo a chyrraedd y safle, gan fy mod i'n dyst i le oedd yn dechrau cael ei drawsnewid gan hygyrchedd y lôn newydd. Roedd y diwydiant twristiaeth yn llechu yn y corneli ac yn barod i larpio ei sancteiddrwydd. Er mai cyntefig iawn oedd rhai o'r siopau swfenîrs ar waelod y grisiau sanctaidd, doedd dim ond angen edrych o'ch cwmpas i weld angenfilod concrit yn tyfu o'r llwch. Gan na chafodd unrhyw reolau adeiladu na hualau pensaernïol eu sefydlu ers dyfodiad y ffordd i'r safle dros saith mlynedd yn ôl, roedd yn gae chwarae cyfleus i ddynion busnes cyfoethog oedd wedi gwneud arian mawr yn rhedeg busnesau mewn gwledydd eraill, a phlant oedd yn anfon pres adra i'w rhieni o'r Unol Daleithiau a Siapan ac oedd yn cael rhwydd hynt gan yr awdurdodau i adeiladu unrhyw fath o angenfilod brics efo arian tramor, a gweld eu pres yn tyfu.

Roedd gwestai hyll bellach yn codi arwyddion mawr yn cynnig dŵr poeth, cawodydd a thai bach mewn ystafelloedd gwely i deithwyr blinedig. Roedd hyd yn oed y pererinion mwyaf pybyr isho'r rheiny! Wrth eistedd ar do un o'r gwestai modern, yn adrodd linc i'r camera cyn i'r haul fachlud, edrychais i lawr, heibio i'r carcas concrit a thros ddyffryn yr Annapurna a chopaon y Dhaulagiri gan obeithio nad oedd y ffordd yn mynd i strywio rhai o'r pethau oedd yn golygu cymaint i gynifer o bobol.

Roedd Kathmandu yn galw eto, a ninnau'n hedfan dros y neidr droellog drwy'r graig y tro hwn. Wrth edrych i lawr drosti'n gwau ei hun drwy'r creigiau, yr afonydd a'r coedwigoedd trwchus oddi tanom, ro'n i'n llwyr werthfawrogi anferthedd y gwaith o gynllunio ac adeiladu rhywbeth tebyg i'r ffordd hon mewn lle mor anial ac anodd.

Roedd un dyn ar ôl i'w holi yn y ddinas fawr cyn i ni gychwyn am adra. Dyn tenau, diymhongar ond dyn â stori fawr. Llwyth ethnig o ardal fwyaf mynyddig Nepal ydy'r Sherpa. Oherwydd nad ydy rhoi cyfenw ar berson yn draddodiad gan y Sherpa, mae pobol yn ychwanegu eu hethnigrwydd i'w henwau ac mae pobol yn dueddol o orddefnyddio'r gair 'Sherpa' gan feddwl mai dyma'r term am borthorion mynyddoedd yr Himalayas. Mewn gwirionedd, llwyth penodol sy'n tarddu o ardal y Khumbu, un o ardaloedd uchaf Nepal, ydyn nhw.

O fewn y gymuned ddringo, mae'r rhain yn tra-arglwyddiaethu oherwydd eu harbenigedd a'u gwydnwch ar dirweddau uchel. Mae wedi ei brofi bod gallu dringo'r Sherpa yn ganlyniad i addasu genetig, gan fod y llwyth yn gynhenid i'r tirweddau uchaf yn y byd. Bwdyddion Tibetaidd ydynt ac maen nhw'n cael eu hedmygu am eu harddeliad ysbrydol a'u sgiliau dringo fel ei gilydd. Mae parch y Sherpa at y mynydd yn absoliwt ac maen nhw'n credu'n gryf bod duwiau a diafoliaid yn llechu yn y mynyddoedd, yr ogofâu a'r fforestydd. Mae nifer o fynyddoedd yr Himalayas yn gysegredig ac iddyn nhw, Everest neu Chomolungma yw 'Mam y byd'.

Mewn tŷ braf ar gyrion y ddinas roedd Pertemba Sherpa yn byw. Roedd y babell yn yr ardd lle bu'r teulu'n coginio am chwe mis, oherwydd y difrod a wnaethpwyd i'r tŷ gan y ddaeargryn fawr, yn arwydd nad oedd hyd yn oed tai cadarn fel hwn yn ddiogel pan ddaeth y cryndod. Wrth gael ein croesawu'n gynnes ar y stepan drws, a'n harwain i'r ystafell fyw, yn frith o drysorau o fynyddoedd mawr y byd, roedd hi'n anodd credu bod y dyn diymhongar hwn yn un o arweinyddion mynydd a Sherpas enwocaf y byd. Mae Pertemba yn cael ei enwi'n fynych fel un o'r pump *sirdar*, neu arweinydd, gorau a welwyd erioed.

Ynghyd â'i ffrind Chris Bonington, nhw oedd y cyntaf i goncro wyneb deheuol Annapurna 1 yn 1970 ac roedd wedi bod i gopa Everest dair gwaith gan dorri nifer o records technegol ar ei ffordd i fyny. Pertemba oedd un o'r Sherpas cyntaf i bontio'r gagendor amlwg rhwng y Sherpas a'r dynion gorllewinol oedd yn arwain yr ymgyrchoedd ar y mynydd. Oherwydd ei arbenigedd technegol, ei anian gadarn a'i haelioni, fe ddaeth yn un o brif Sherpas mynydd nifer o ymgyrchoedd y 1970au a dywedodd y mynyddwr enwog Bonington droeon na fyddai erioed wedi cyflawni'r hyn a wnaeth heb ei gyfaill a'i arweinydd. Fe hwyliodd de i ni a'n tywys o gwmpas y cwpwrdd gwydr llawn mementos, ei Saesneg yn llithrig a distaw. Roedd ei ferch ddeunaw oed yn eistedd ar waelod y grisiau marmor a'i hwyneb yn llawn edmygedd wrth wrando ar ei thad yn adrodd ei stori yn Saesneg wrth y Cymry dieithr chwilfrydig. Yn nhraed ei sanau ac mewn trowsus hufen a siwmper werdd, roedd yr hanes yn llifo o'i enau addfwyn.

Oherwydd iddo gael ei eni ar droed mynydd uchaf y byd mewn pentref diarffordd o'r enw Khumjung, roedd dringo yn ei waed ac fe drawsnewidiwyd ei fywyd pan gafodd ysgoloriaeth i addysgu mewn ysgol a sefydlwyd gan Edmund Hillary. Wedi blynyddoedd yn astudio yno, fe'i gwahoddwyd i Kathmandu i ymuno ag asiantaeth ddringo gyntaf Nepal, yr enwog Jimmy Roberts' Mountain Travel. Yn fuan iawn gwelwyd fod y porthor mynydd ifanc hwn yn meddu ar sgiliau technegol a fyddai'n ei alluogi i fod yn un o arweinyddion mynydd neu *sirdar* gorau'r byd. Bu'r 70au a'r 80au yn gyfnod pan goncrodd gopaon yr Himalayas, yr Alpau ac Alaska, y rhelyw yng nghwmni'r anturiaethwr Chris Bonington.

Bellach rhoddodd ei gartref teuluol yn Khumjung i Ymddiriedolaeth Himalaya fel amgueddfa a chanolfan fynydda. Mae ei gyfraniad i brosiectau amgylcheddol ac addysgol y wlad yn amhrisiadwy ac fe dderbyniodd un o freintiau mwyaf ei wlad gan Frenin Nepal yn y nawdegau pan gafodd ei dderbyn i urdd y Gorkha Dakshina Bahu, un o'r ychydig rai i ennill dosbarth cyntaf.

Ar ddiwedd taith a hanner roedd cyd-eistedd efo merch Pertemba ar y ris waelod yn y cyntedd, yn gwrando ar ei farn am y newidiadau mawr oedd yn digwydd yn y wlad yng nghanol y mynyddoedd, yn ddiweddglo perffaith. Roedd ei gariad a'i barch at yr hen draddodiadau yn amlwg, ei bryder am y ffordd roedd y diwydiant twristiaeth yn amharchu ac anwybyddu elfennau diogelwch pwysig ar y copaon yn boen gwirioneddol iddo, yn enwedig pan mae rhywun yn ystyried bod tua 600 o bobol y flwyddyn yn talu'n ddrud i gael rhoi eu traed ar gopa uchaf y byd, a hynny heb unrhyw fetio na rheoleiddio go iawn. Wedi dweud hynny, yn gyffredinol roedd yn obeithiol iawn am ddyfodol ei wlad a'r datblygiadau oedd yn araf ddod i gyfoethogi ei hanes, ei diwylliant a'i safle yn y byd mawr.

Er bod y datblygu yn ymddangos fel pe bai'n digwydd yn araf i ni o'r tu allan efallai, mae rhai o'r newidiadau yn dod ar garlam i'r rhai hynny sy'n ceisio arddel yr hen draddodiadau a'r hanes. Fel ym Mongolia, yn sgil dyfodiad y mwyngloddfeydd mawr, mae'r ffordd drwy'r Annapurna yn brawf o'r newid sydd ar droed yn Nepal. Dim ond amser a ddengys sut y bydd y wlad a'i phobol yn ymdopi â'r newid o'u blaenau.

Lwmp

MAE'R DAIR AR eu ffordd. Fi sydd wedi eu gwahodd. Fy ffrindiau agosaf. Dwi wedi coginio. Mae hynny'n ddigon iddyn nhw amau bod rhywbeth o'i le. Hynny a'r ffaith nad ydw i wedi ateb fy ffôn ers wythnosau. Mi rydw i hyd yn oed wedi clirio'r ystafell segur yng nghefn y tŷ i greu ystafell fwyta bwrpasol. Mae yna ddeiliach ar ganol y bwrdd. Mae'r golau wedi ei ddiffodd a chanhwyllau o bob maint yn creu cysgodion i guddio'r tamprwydd ar hyd y wal. Dwi'n teimlo fel chwydu a dwi bron â ffonio i ganslo.

Mae o'n gwybod bod heno'n anodd i mi. Mi glywais i o neithiwr. Fe ffoniodd ei fam tua hanner nos i ddweud nad ydy o'n gwybod sut i fy nhrin pan dwi fel hyn. Doedd o ddim yn gwybod sut i fy nhrin i pan welodd o fi'n poeri cynnwys bocs Milk Tray i'r bin yn y gegin. Am wythnosau wedyn roedd yn grediniol fod gen i broblem bwyta. Er 'mod i wedi ceisio egluro nad oeddwn i wedi llyncu'r un ohonyn nhw ac mai cael blas yn unig ar anrheg Nadolig Nain o'n i, heb deimlo'n euog am eu taflu cyn i mi flasu pob un o leiaf. Bu'n hofran am ddyddiau wedyn y tu allan i ddrws yr ystafell molchi, rhag ofn.

Mae heno'n wahanol. Mae ei fam wedi dweud wrtho am fod yn amyneddgar.

Mae'r wythnosau o orwedd wrth ei ochr yn crio i'r cynfasau

ym mhen draw'r gwely wedi ei ddrysu. Mae ei ddwylo wedi ceisio pontio'r gwagle ond rydw i wedi symud ymhellach i ffwrdd. Dwi'n awchu i fy nghorff droi tuag ato a'i garu a'i gyffwrdd fel mae'n haeddu. Hyd yn oed pan ddaw'r haul i oleuo'r ystafell a cheisio codi fy ysbryd neu agor y llifddorau, mae hi'n dywyll. Fi, fy ofnau a fo.

Wrth sgubo'r llwch oddi ar silff ben tân yr ystafell fwyta oriau oed, mae o'n camu i mewn i olau crynedig y canhwyllau Sgandinafaidd ac yn gwenu. 'Mae'n hyfryd, Ffi. Gwd job, cariad. Pob lwc efo'r genod.' Mae'n dweud y bydd adra tua un ar ddeg ac mae o am i mi gadw pwdin iddo. Mae'n taflu sws o'r pwll golau. Haws felly.

Yn chwech ar hugain oed, gall popeth newid. Nid fel hyn oedd hi i fod.

Dwi isho dreifio'n noeth drwy'r strydoedd efo chdi fel ers talwm, gan grio chwerthin wrth i'r goleuadau traffig ein dal yn rhy hir yn y golau. Dwi isho siafio dy wallt di i gyd i ffwrdd ar ôl smocio dôp yn Nhrefdraeth ddau ddiwrnod cyn dy gyfweliad pwysig. Dwi isho neidio ar gefn dy foto-beic a theithio drwy Iwerddon a chdithau'n cwyno bod fy mhen ôl i'n rhy fawr i'r piliwn. Roeddet ti'n gwirioni arna i bryd hynny.

Mae cloch y drws yn llenwi'r tŷ gwag a dwi'n gweld bod y dair wedi cyrraedd efo'i gilydd. Haws felly. Mae eu 'haias' a'u hygs afreal yn ychwanegu at ddifrifoldeb y dasg o 'mlaen. Mae'r malu cachu am gynhwysion y seigiau, tywydd mwyn mis Rhagfyr a phrisiau canhwyllau yn tanlinellu yr hyn sydd ddim yn cael ei ddweud.

Pam na chawn ni fod yn un ar hugain oed, pan oedd popeth

yn hawdd, pan oedd pob rhiant yn fyw, pob perthynas yn hwyl a phenderfyniadau'n cael eu gwneud ar hap. Dwi isho dwyn moped efo chi yn Groeg a'i yrru allan i'r mynyddoedd yn y tywyllwch. Dwi isho eich colli chi'n Glastonbury a theimlo'r wefr o'ch ffeindio eto a dwi isho cerdded i ben yr Eifl cyn neidio'n noeth i'r môr yn Aberdaron.

Allan o nunlle, mae'n dod gen i. Yn glir ac yn gyhyrog: 'Mae gen i lwmp ar fy mron.' Unwaith mae'r geiriau'n dechrau llifo, does dim taw arnyn nhw. Mae'r awch i chwydu yn peidio ac mae hanes cudd yr wythnosau diwethaf yn rhedeg yn rhydd o'r caets. Dwi'n dechrau dramateiddio poen y mamogram a dangos clais amryliw nodwydd anferth y biopsi. Dwi'n rhannu fy nghynddaredd ataf fy hun am roi fy mhen yn y tywod yn rhy hir ac mae'r pryder o fod yn cario'r genyn diffygiol wedi marwolaeth Mam yn cael ei dawelu wrth i'r merched i gyd ymateb yn eu ffyrdd unigryw eu hunain. Pob un yn llithro i'w rôl arferol o fewn y criw. Yr un ddoeth yn arddangos ei doethineb, yr un ddoniol yn ysgafnhau a'r ffrind gorau yn fud ond yn gadarn.

Wrth i'r gwin lifo, mae'r dagrau'n teimlo'n hy ac yn hallt ac mae Dolly Parton yn dod yn gyfeiliant i'w dawns nhw i lawr y gruddiau ifanc. Yn y gafael tyn yn ein gilydd mae pob gewyn ynddan ni yn ymrafael am y ddoe hwnnw, ond mae'r heddiw yma'n breuo ochrau ein hieuenctid.

Mae'r bedair ohonom yn edrych ar ein gilydd o'r newydd rŵan, ac yn y foment honno rydym ni'n sylwi ar fregustra'r uned fach hon. Pawb yn ei ofni ond neb yn ei ddweud.

Am un ar ddeg o'r gloch, mae o'n cerdded i mewn yn swil ac yn gwenu wrth weld y bedair ohonom ar ben y cadeiriau yn morio 'Jolene'. Mae'r genod yn heidio o'i gwmpas, yn chwil a gorgefnogol, ac mae yntau'n rhoi ei winc fach gyfarwydd i mi. Mae'r rhyddhad yn amlwg ar ei wyneb.

Fi sy'n troi ato fo y noson honno. Rydym ni'n gafael yn dynn yn ein gilydd.

Y tri mwnci bach

DYDW I DDIM yn cofio amser hebddi. Y fechan. Ler. Leran Lwyd. Llwydan. Ugain mis ar ôl i mi gyrraedd mi gyrhaeddodd hi, ac fe gychwynnodd ein taith ni yn ddwy. Dwy chwaer. Fy ffrind gorau. Hyd heddiw, mae pobol yn ein cymysgu – mae'r wynebau a'r lleisiau'n ddychrynllyd o debyg. Yn anffodus, hi gafodd y coesau a'r wast fach a rhaid i minnau, meddai hi, fod yn ddiolchgar am fy nhaldra! Er ei bod yn niwsans garw yn y blynyddoedd cynnar 'na, dwi'n gwybod na allwn i fyw hebddi.

Er yr agosrwydd roedd hi'n amlwg o'r dechrau bod 'na ddwy bersonoliaeth dra gwahanol yma. Hi oedd y fatsien bengaled a luchiai ei hun ar lawr siop y pentref os na châi ei ffordd ei hun, a finnau'n ddigon bodlon eistedd ar boti am oriau yn darllen catalog Mothercare. Ond y gwahaniaeth mwyaf pan oedden ni'n blant oedd ein hagwedd tuag at ddoliau. Roedd gan Leri ddegau ohonyn nhw. Rhai del, rhai hyll, rhai du, rhai gwyn – i gyd yn cael eu rhoi i eistedd mewn rhesi ar y gwely tra byddai 'Miss' yn cymryd y gofrestr ac yna'n eu gwthio am oriau mewn coets o gwmpas y stryd efo'i ffrind gorau, Julie Brown. Mae hi wedi bod yn famol erioed. Ysgrifennu sgriptiau a pherfformio dramâu bach ar y patio yn yr ardd fyddwn i.

Wedi iddi adael y coleg yn Aberystwyth, priodi Gwion,

cael swydd fel athrawes a phrynu tŷ yn y Felinheli, byddai'r chwaer fach a'r fawr yn eistedd am oriau o gwmpas bwrdd y gegin, yn yfed gwin ac yn traethu am fywyd. Wrth gwrs, deuai'r pwnc o gael plant i fyny'n aml a'r chwaer fawr yn ceisio dychmygu'r chwaer fach yn magu ac yn trwytho. Byddai'n fam heb ei hail.

Alla i ddim egluro'r emosiwn a'm trawodd pan glywais 'mod i'n mynd i fod yn fodryb am y tro cyntaf. Nid fy chwaer fach oedd Ler bellach, y peth bach 'na fu'n gysgod i mi ar hyd y blynyddoedd; roedd hi'n ddynes aeddfed a oedd ar fin cychwyn ar daith newydd sbon. Roedd hi'n mynd i fod yn fam, a minnau yn ei sgil yn mynd i gael profi'r wefr o ddod yn fodryb. A ninnau wedi colli Mam rai blynyddoedd ynghynt, daeth rhyw don o gyfrifoldeb drosof. Nid chwarae efo doliau oedd hi bellach – roedd 'na fabi go iawn ar y ffordd!

Ychydig a wyddwn i'r diwrnod bendigedig hwnnw y byddai 'na ddau fwnci bach arall yn dod i'n byd ni wedyn. Tri mwnci bach i gyd, mewn llai na chwe blynedd. Fy mwncïod bach i.

Noa. Moi. Twm.

Tair llythyren yr un ydyn nhw. Enwau bach byrion i dri o'r cymeriadau mwyaf i mi eu hadnabod erioed. Hogiau'r Hallams! A'r teimlad gorau? Y balchder o weld fy chwaer fach (a'i hannwyl ŵr, wrth gwrs) yn magu ac yn rhoi ei stamp ei hun ar y tri pherson bach 'ma. Duw yn unig a ŵyr beth fyddai'n digwydd i 'nghalon i petawn i byth yn cael fy mhlant fy hun... O'r eiliad y cyfarfyddais â'r tri bach 'ma roedd 'na beryg y byddwn i'n gorlifo o gariad.

Mae perthynas modryb a'i neiod yn un unigryw. Mae hi'n un sy'n cynnig dewis a rhyddid llwyr i mi. Mae Ler a Gwion a'r hogiau'n uned gadarn, ac mae hi i fyny i mi faint o ran o'r uned honno rydw i am fod. A'r gwir amdani? Alla i ddim cadw draw!

Ganwyd Noa mewn bath dŵr yn Ysbyty Gwynedd ar 24 Ionawr 2003, ac mi welais i o am y tro cyntaf pan oedd o'n ychydig oriau oed. Erbyn dyfodiad yr ail roedd gan fy chwaer ddigon o hyder i eni adra o flaen y tân, a finnau wedi cael gwahoddiad arbennig i fod yn rhan o'r digwyddiad. Ffilmio golygfa o *Amdani* yn uchelderau Bethesda yng nghanol yr eira ddechrau mis Rhagfyr ro'n i pan ddaeth yr alwad i ddweud bod y bychan wedi penderfynu ymddangos. Dwi ddim wedi llamu trwy olygfa mor sydyn yn fy nydd, ond er mawr siom do'n i ddim yn ddigon sydyn i ddal Moi Llwyd yn anadlu am y tro cyntaf. Roedd y diawch bach wedi cyrraedd eiliadau'n unig cyn i mi glywed 'Cut!', a rhaid oedd bodloni ar ei weld yn sugno'n naturiol ar fron ei fam o flaen y tân yn awran oed. Roeddwn i'n benderfynol o fod yno i weld y trydydd yn cyrraedd, a chefais fy nymuniad ar 25 Ionawr 2008. Gweld fy chwaer fach yn geni Twm Arthur mewn llai nag awr o'r dechrau i'r diwedd yng nghyfforddusrwydd ei stafell fyw. Roedd y fodryb yn un llanast o ddagrau a balchder a sioc!

Mae'n wir dweud bod 'na gyfres go helaeth o siociau a gwersi i'w profi pan ddowch yn fodryb am y tro cyntaf. Mae gyrru car wedi bod yn bleser i mi ers blynyddoedd, er y cwyno ysbeidiol a wnaf am y lôn enwog honno sy'n cysylltu'r Gogs a'r Hwntws. Ar ddiwrnod braf, a neb na dim yn gweiddi arna i i gyrraedd pen fy nhaith erbyn rhyw amser penodol, does dim byd gwell gen i na bod y tu ôl i lyw'r Golff bach llwyd, a gwerthfawrogi'r haul yn taro ar fynydd a llyn cyn rhoi 'nhroed i lawr ar ambell ddarn syth. Dwi wedi gyrru trwy Galiffornia a thamaid o Dde Affrica, Ewrop a De America, a hynny heb gael fy nhaflu o gwbwl gan ochr ddieithr y gêr, y brêc na'r lôn. Ond rhowch un o'r mwncis bach yn y car ac mae'r gallu cyfarwydd yma'n llwyr ddiflannu! Mae'r cargo yma'n wahanol. Yn arbennig. Yn rhan ohona i.

Anghofia i fyth y diwrnod yr es i â Noa am dro i dŷ Nain yn Llandudno am y tro cyntaf, taith sydd fel arfer yn cymryd llai na hanner awr o ddrws i ddrws. Wedi archwilio straps y gadair gar am y trydydd tro ar hugain, dechreuodd y daith ugain milltir yr awr. Oeddwn i i fod i yrru ar y chwith 'ta'r dde? Beth ydi 'cylchfan'? Ydw i wedi edrych digon cyn croesi? Oedd y golau ar wyrdd pan es i trwyddo fo? Ydi o'n anadlu yn y cefn? Ydi hi'n ddiogel i'w adael o mewn car sydd wedi'i barcio ryw fetr o'r twll yn y wal am o leiaf un munud cyfan tra dwi'n nôl arian? Ydi o'n dal i anadlu? Ydi un milltir ar hugain yr awr fymryn yn rhy araf i draffordd? Ydi o'n dal i...? Ydi'r car 'na tu ôl i mi'n llawer rhy agos? Ydi hyn yn werth yr holl boeni? Lle mae'r corn, lle mae'r *indicator*, lle mae'r lôn – lle ydw i?!

Dwi'n falch o ddweud 'mod i'n hen law arni erbyn i Twm gyrraedd, a thair cadair erbyn hyn yn gallu cael eu strapio a'u llwytho â'm llygaid ar gau!

Mae'r ddelwedd yna o Ler yn gwthio'i ddoliau bach ffrili, pinc yn codi gwên. Croeso i fyd y jôcs pw-pw, pêl-droed, gitârs a mwd! Mae'r bwrdd pren yn y gegin lle bu'r holl draethu dros y Sancerre a'r Chateauneuf bellach yn fwrlwm o dynnu coes a ffraeo a chwerthin, ac yn eu canol yn feddw o fodlon mae Ler yn procio, yn addysgu ac yn disgyblu. Does 'na ddim byd gwell na phicio draw ar ôl diwrnod o ffilmio ar set *Rownd a Rownd*, yn poeni 'mod i wedi cambwysleisio rhyw linell, neu gyrraedd wedi oriau ar yr A470 yn rhegi Ifor Williams a'i fflyd, a chlywed y peth cyntaf ar ôl i mi agor y drws, 'Ffi–oon!' 'Ffii–ooon!' yn blith draphlith ar draws ei gilydd. Does 'na ddim boddhad tebyg i glywed fy enw'n cael ei alw fel'na! Mae cael tri mwnci bach yn dringo drosta i'n baent ac yn fwd ac yn snoch i gyd yn rhoi'r byd yn ôl ar ei echel yn go handi!

Fel hefo fi a hithau erstalwm, mae 'na dri bach gwahanol iawn yma, ac mae'n dal i fy synnu bod tri sy'n cael eu magu dan yr un to'n datblygu'n dri unigolyn mor wahanol.

Mae Noa bellach yn naw oed ac yn dipyn o feddyliwr; llyfrau a ffilmiau a dod i ddeall y byd o'i gwmpas sydd ar ei feddwl. Mae ei gwestiynau'n fy ngadael i'n gegrwth weithiau. Mae'r gwahanol theorïau am sut cafodd y byd ei greu yn ei boeni; Owain Glyndŵr yw ei arwr; mae'n gwylio ffilm o ogwydd cyfarwyddwr ac mae'n gwybod geiriau caneuon Y Bandana, Yr Ods ac Olly Murs i gyd (edrych ymlaen i dynnu ei goes am yr olaf 'na ymhen blynyddoedd!). Mae Nono (sori – Noa) yn fonheddwr sy'n ofni awdurdod, a jôcs a dewiniaeth ydi'i bethau o. Mae'n cefnogi timau pêl-droed Abertawe a Man U, ac am fod yn gyfarwyddwr ffilm neu'n actor ar ôl tyfu i fyny.

Saith oed ydi Moisyn (sori eto – Moi), yr un ddaeth i'r byd fel mellten ac sy'n parhau i wibio'i ffordd trwyddo. Mwrddrwg cariadus, sydyn ei wên, ei ddireidi a'i dymer ydi hwn. Dydi awdurdod ddim yn peri cymaint o ofn i Moi, ac mae ei hyder yn heintus. Yn bum mlwydd oed mi ddatganodd ei fod am ddod ar wyliau ata i i Gaerdydd am wythnos ar ei ben ei hun.

Ofynnodd o ddim unwaith am Mam, Dad, Noa na'r babi newydd! Mae canu a chwarae pêl-droed yn dod yn hawdd iawn iddo, ac mae'r llygaid mawr 'na'n syllu i grombil eich enaid chi (hyd yn oed ar ôl iddo fod yn uffar mewn croen), ac yn ddigon i wneud i mi faddau'r byd iddo fo. Mae Moi am fod yn warchodwr mwncïod mewn sŵ wedi iddo dyfu i fyny, ac Abertawe a Lerpwl ydi timau pêl-droed y Mistar Hallam bach yma.

Ac yna daeth Twm Arthur (Twm Twm). O'r eiliad y daeth o'r groth i gyfeiliant 'Nos Da, Mam' Steve Eaves, bu ei obsesiwn â cherddoriaeth yn amlwg. Mae'n dair oed bellach, ac o'r tair blynedd mae o wedi bod ar y ddaear 'ma, mae gen i deimlad bod o leia'u hanner nhw wedi'u treulio â'i glust yn sownd i radio neu beiriant CD, neu'n chwarae un o'r myrdd o gitârs sydd ganddo. Yn ddiddorol, mae Twm yn mynnu chwarae'r offerynnau 'ma'n noethlymun borcyn, ac mae ei ymarweddiad wrth chwarae yn gwneud i Keith Richards edrych fel Jac y Jwc! Mae gynnon ni deimlad fod gynnon ni 'rocstar' bach yma, ond fo ydi'r seren anwylaf a mwyaf cariadus yn y byd. Does 'na neb yn fwy hael efo'i swsys a'i gêm 'bwyta clustiau' na Twm Twm. Dydi o ddim yn cefnogi unrhyw dîm pêl-droed ar hyn o bryd ond mi fydd yn ddiddorol gweld pa un o'r brodyr mawr gaiff y dylanwad mwyaf arno fo!

A dyna ni, y tri dyn bach pwysicaf yn fy mywyd i. Ond lle ydw i'n ffitio i mewn i'w bywydau nhw, a beth maen nhw'n feddwl ohona i? Dydi o 'mond yn deg i ni ddarllen 'chydig o'u hatebion i'r cwestiwn ofynnodd Ler iddyn nhw'r noson o'r blaen:

'Be ydach chi'n feddwl o Ffion?'

Noa: 'Mae Ffion yn hoff o fwyta ham a grawnwin ac mae hi'n ddoniol iawn. Mae hi'n fy helpu fi i ddod i ddeall ffilmiau. Mae hi'n llawer gwell na Mam pan mae'n dod i hyn. Mae hi'n feddylgar ac mi rydw i wrth fy modd pan mae hi'n ein gwarchod ni. Mae Ffion angen torri ei gwallt.'

Moi: 'Mae Ffion yn siarad gormod efo Mam. Maen nhw'n yfed lot o de rownd bwrdd y gegin. Mae Ffion yn hoffi gwisgo bŵts ac mae hi'n glên. Mae hi'n mynd â ni i'r sinema ac yn prynu Pick n Mix i ni. Mae ganddi ormod o wallt ac mae hi'n dal.'

Twm: 'Dwi'n licio Ffion.'

Fi: 'Diolch, hogia.'

Mi ofynnodd Leri i mi yn gynnar iawn beth oeddwn i am i'r hogiau fy ngalw. Fel y gwyddom yma yng Nghymru, mae 'na dipyn o bwyslais ar deitlau. Mae gan y triawd bach Taid, Gu, Tad-cu a Mam-gu yn ogystal â dau Wncwl. Roedd hi'n arferiad fel plant i ni alw'r rhan fwyaf o ffrindiau'n rhieni, ein cymdogion a hanner y capel yn 'Anti' ac 'Yncl'. Wn i ddim ai am y rheswm hwnnw neu am fy mod i'n rhyw ofni bod y teitl yn fy heneiddio y dois i'r penderfyniad mai 'Ffion' yn unig fyddwn i i'r tri. Dwi'n byw mewn gobaith y bydd hyn rywsut yn gwneud i mi deimlo'n agosach atyn nhw, ac y gallant edrych arna i fel ffrind yn hytrach na rhywun efo teitl o flaen ei henw. Gobaith yn unig yw y byddant yn fy ngweld fel ffrind – rhyw fersiwn ychydig bach yn fwy 'cŵl' na'u mam, efallai.

Mae hon yn llinell denau drybeilig, wrth gwrs, ac yn un sy'n teneuo wrth yr eiliad. Dwi eisoes wedi dal y ddau hynaf yn rowlio'u llygadau pan nad ydw i'n deall tamaid o'r dechnoleg ddiweddaraf neu'n canu geiriau caneuon yn anghywir. Un peth bach sy'n rhoi mymryn o ciwdos i mi ar hyn o bryd (a pharith hwn ddim yn hir) yw fy mod i ar *Rownd a Rownd* a 'mod i'n gallu dweud ambell gyfrinach o'r plot wrthyn nhw. Torrwyd tipyn ar y grib honno'n ddiweddar. Mae yncl i Brengain, ffrind Noa, wedi bod ar *Doctor Who*! Mewn gêm Top Trumps o antis ac wncwls, mae gen i ofn y byddwn i'n reit isel ar y domen. Wedi 'nhrympio go iawn.

Fel hogiau bach sy'n dechrau siarad am gariadon ac sy'n prysur ddod yn ymwybodol bod genod bach yn bodoli, a bod Mam wedi priodi Dad, mae 'na un cwestiwn sy'n dueddol o godi'i ben bob hyn a hyn. Wrth eistedd ar y gwely efo'r tri y noson o'r blaen, fe gododd eto.

Noa: 'Pam bo chdi ddim 'di priodi?'

Fi: 'Wel, falle 'mod i ddim wedi ffeindio'r dyn iawn.'

Moi: 'Be ma hynna'n feddwl?'

Fi: 'Cwestiwn da iawn, Moi!'

Moi: ''Na i dalu can punt i chdi os 'nei di briodi Gareth.'

Fi: 'Ffrindiau ydw i a Gareth.'

Moi: 'Be am ddau gan punt, ta?'

Noa: 'Fyddi di'n *bankrupt* os 'nei di hynna, Moi.'

Moi: 'Na, mae gen i lot mwy na hynna yn y banc.'

Fi: 'Falle 'na i ystyried y peth am dri chan punt, Moi.'

Moi: 'Na, dydi o ddim werth hynna.'

Noa: 'Ond mae Shane Williams werth hynna...'

Fi: 'Bargan!'

Felly, fe welwch fod fy nyfodol yn ddiogel am dri chan punt. Diolcha, Shane, dy fod ti'n un o asgellwyr cyflyma'r byd!

Mae rhai'n gofyn weithiau ydw i'n sbwylio'r hogiau, a'r ateb yn syml ydi 'na'. O yndw, dwi'n mynd â nhw i'r sinema a chanolfannau chwarae, ac wedi eistedd trwy ambell artaith weledol, o *Alvin and the Chipmunks* i *Kung Fu Panda*, ond nid modryb sy'n dod am dro yn ysbeidiol efo llond breichiau o anrhegion a danteithion ydw i. Mae natur fy swydd yn golygu 'mod i'n cael bod yn rhan naturiol o'u magwraeth. Mi fydda i'n eu casglu o'r ysgol ac yn eu cludo i ambell wers nofio, piano neu bêl-droed, ac yn y car ar y ffordd i'r llefydd yma y byddwn ni'n dadansoddi pynciau pwysig bywyd: Lerpwl neu Man U, Yr Ods neu Y Bandana, ac a fydd 'na byth Harry Potter arall? A pham bod Moi'n caru mwncis?

Yma, yn eu canol, dwi'n teimlo'n fyw. Yma dwi'n gweld tri pherson bach yn dechrau ar eu taith fel roeddwn i a'u mam yr holl flynyddoedd yna yn ôl.

Cefais wahoddiad am swper neithiwr i eistedd a bwyta o gwmpas bwrdd y gegin yn eu mysg. Roedd Ler yn edrych yn flinedig ond yr un oedd y croeso, y chwerthin a'r cecru. Wedi rhoi'r tri mwnci bach yn eu gwelyau fe ledodd gwên fawr dros wyneb y chwaer fach. Daeth Gwion â photel siampên o'r cwpwrdd cefn. Roeddwn i'n nabod y wên honno…

[Fe gyhoeddwyd yr ysgrif hon yn wreiddiol yn y gyfrol *Modryb*, Gwasg Gwynedd (2012). Pan oedd y llyfr ar fin mynd i'r wasg, cyrhaeddodd brawd bach arall – Nedw Caradog!]

Nedw

FYDDAI YSGRIFENNU LLYFR heb roi'r sylw haeddiannol i hogyn ieuengaf (ac olaf!) yr Hallams ddim yn teimlo'n iawn, ac yn sicr byddai gan Nedw Caradog farn gryf am beidio â chael ei gynnwys rhwng y cloriau. Mi ddisgwyliodd amdana i cyn gwneud ei ymddangosiad cyntaf yn y byd, felly dydy hi ddim ond yn iawn i mi lunio ysgrif ychwanegol i sicrhau ei le.

Mae Nedw yn union yr un oed â Gŵyl Rhif 6 ym mhentre Eidalaidd Portmeirion. Roedd aros mewn pabell am dair noson, ymhell o gyrraedd plwg trydan i adfywio fy ffôn, yn beth eithaf peryglus i'w wneud a dweud y lleiaf, a minnau'n gwybod bod y chwaer fach ar fin geni ei phedwerydd mab. Mi oedd gan y chwaer honno rifau o leiaf ugain o bobol oedd yn yr ŵyl gyntaf hon, rhag ofn y byddai fy mobeil i wedi hen farw, neu y byddai ar goll o dan dai bach y prif gae (fel y digwyddodd yng ngŵyl y Green Man y flwyddyn flaenorol).

Tua chwech o'r gloch fore Llun, â fy mhen innau am i lawr ar lethr, tua throedfedd yn is na fy nhraed, mewn pabell chwyslyd lawn cyrff merched a oedd yn ddigon hen i wybod yn well (ein cegau'n sych a'n llygadau'n drwm dan *glitter* ddoe) y daeth yr alwad i ffôn Elliw. Roedd dŵr Ler wedi torri ac roedd yn bownsio ar belen blastig o flaen y tân yn y stafell fyw. Yn draddodiadol (ac mi alla'i ddefnyddio'r gair yn y cyd-destun yma oherwydd dyma'r bedwaredd enedigaeth!), roedd y bownsio'n arwydd nad oedd llawer mwy na dwy awr i fynd cyn ymddangosiad pen bach gwalltog arall.

Oeddwn i'n fyw, ac yn ddigon sobor i yrru i weld y bychan hwn yn cyrraedd y byd?

Mae profi genedigaeth plentyn yn beth emosiynol ar y gorau. Mae gweld wyneb eich nai bach newydd am y tro cyntaf am wyth o'r gloch y bore, wedi tair noson ddigwsg yng nghwmni ffrindiau gwyllt, bron yn ormod i'r ymennydd. Mae gweld eich chwaer fach yn cyflawni hyn yn gwbwl ddigyffur, tra eich bod chi'n eistedd yno hefo cur pen sy'n cael ei reoli gan chwech paracetamol, bag bach o Dioralyte a Lucozade oren yn ddigon i wneud i chi gwestiynu eich bodolaeth. Bu'r bychan yn bygwth cyrraedd drwy'r nos, ond mi ddisgwyliodd nes oeddwn i wedi rhoi fy mhen ôl mwdlyd ar y soffa o flaen y tân pren yn eu stafell fyw cyn iddo weiddi'n las biws am y tro cyntaf.

Mae wedi gweiddi ei ffordd o amgylch y tŷ ers bron i bum mlynedd bellach. Hwn sy'n sicr yn rheoli'r nyth ac mi newidiodd dyfodiad yr un corff bach arall hwn ddeinameg y teulu dros nos.

Yr unig ofid sydd gen i bellach ydi 'mod i wedi symud yn ôl i Gaerdydd yn barhaol, ac felly tydw i ddim yn rhan mor ganolog o fywydau'r mwncis bach ac, o'r herwydd, Nedw ydy'r un y bydda i'n ei adnabod leiaf. Fydda'i ddim yn gallu casglu Ned o'r ysgol mor aml ag a wnes i efo'r tri arall, a bydda i bellach yn treulio fy Suliau'n teithio yn ôl i'r brifddinas, yn hytrach nag eistedd yng ngaleri pwll nofio Caernarfon mewn gwersi i blant dan saith, rhwng pump a chwech yr hwyr.

Twm gafodd ei effeithio fwyaf gan ymddangosiad y belen

yma o egni. Roedd wedi magu ymarweddiad babi'r teulu ac yn mwynhau'r rôl honno i'r eithaf. Mae tantryms Twm yn chwedlonol a dwi wedi gorfod atgoffa fy chwaer fach yn aml am ei hymddygiad tanllyd hithau pan oedd hi'n ifanc, wrth iddi erfyn ar i'r ddaear ei llyncu mewn llecynnau cyhoeddus oherwydd pyliau rhwystredigaethol ei thrydydd mab! Mae yna un bach sy'n gallu gwneud hyn yn well na fo bellach, a bu'n rhaid i ddramateiddrwydd Twm bylu i'r cefndir, ei grib wedi ei thorri fymryn. Rhoi megin ar y tân mae'r ddau hynaf bellach wrth brocio ymddygiad eu brawd ieuengaf ac mae'r gagendor oedran rhwng y ddau hynaf a'r un bychan yn destun lot fawr o sbort ar draul eu rhieni druan wrth iddyn nhw ei hudo i wneud a dweud y pethau mwyaf doniol a drwg sydd o fewn cyrraedd meddyliau dau hogyn sydd ynghanol deffroad eu llencyndod.

Mae Noa a Moi bellach yn ddau lwmp o eironi o'u corun i'w sawdl. Mewn pum mlynedd dwi wedi llithro o fod yn fodryb oedd fymryn yn fwy cŵl na'u mam i fod yn ddynes sy'n deall dim ac yn gwybod llai fyth am ddim: o bêl-droed i'r ffilmiau diweddaraf, aps cyfryngau cymdeithasol, llyfrau diddorol, gwleidyddiaeth a barn ar y byd yn gyffredinol... Mae Moi wedi datgan ei fod yn anffyddiwr ac mae wedi gweithio allan bod Duw yn cynnig yr un peth i bobol ag y mae Sion Corn a'r Tylwyth Teg yn ei gynnig i blant. Mae Noa'n llyncu llyfrau'n gynt nag ydw i'n llyncu *midget gems* ac mae ei sgyrsiau am y byd a'i bethau yn dal i fy rhyfeddu. Er y frwydr barhaol i'w hudo nhw oddi ar gyfrifiaduron, a'r rhyfeloedd cartref enbyd sy'n datblygu pan mae'r amserlen chwarae gemau technolegol yn cael ei datgan yn wythnosol, mae eu diddordeb yn y byd o'u cwmpas yn gwneud i mi ofyn i fy hun ers pryd y bu plant mor aeddfed a beth ar y ddaear ddigwyddodd i mi pan oeddwn i yr un oedran â nhw? Dwi'n eithaf sicr na fuaswn i wedi gallu llunio barn mor gyflawn am safle'r byd pan yn bedair ar ddeg a deuddeg oed. 'Y byd sydd wedi newid mae'n siŵr' ydy barn eu mam a'u modryb wrth sipian eu gwin oddi amgylch yr un bwrdd mawr yn y gegin ar nos Wener!

Oherwydd aeddfedrwydd amlwg yr hogiau mawr, anaml yr ydw i'n cael cofleidiau a swsys bellach, er bod Twm yn dal i hoffi'r gêm fwyta clustiau o bryd i'w gilydd, ac mae Moi yn anghofio ei fod yn hogyn alffa pan fydd o wedi blino'n lân ar ôl gêm bêl-droed, ac yn swatio ata i am fwythau ar y soffa. Mae'r cyfrifoldeb o gynnig y wefr mae modryb yn ei theimlo o gael llaw fach i ffitio yn ei llaw hi wrth fynd am dro yn disgyn i Nedw bellach, ac rydw i'n mawr obeithio y bydd ei ddiffyg embaras ohona i yn parhau am ychydig mwy o flynyddoedd eto. Yn anffodus iddo fo, mae fy ngreddf naturiol i gusanu a chofleidio'r brodyr bron i gyd yn cael ei sianelu at y bychan rŵan ac mae gen i ofn y bydd o'n cofio'r cyfnod yma fel un lle roeddwn i (fel lot o ffrindiau Nain erstalwm) yn mynnu ei hambygio a'i godi a'i gosi a'i gusanu. Tydy o ddim i weld yn effeithio gormod arno ar y funud ond buan y daw y gwrthod a'r gwthio i ffwrdd ac mae hwnnw'n ddiwedd cyfnod nad ydw i'n edrych ymlaen ato o gwbwl. Dyna pryd y bydd yn rhaid ystyried prynu ci.

Mae'r cwlwm naturiol sydd rhwng y pedwar brawd yn fy atgoffa o'r cwlwm tyn rhwng eu mam a minnau. Er y ffraeo diddiwedd ar deithiau hir yn y car a'r tynnu'n groes am bopeth (o pwy sydd wedi cael y mwyaf o *chips* ar ei blât i bwy sy'n cael chwarae ar yr Xbox), maen nhw'n uned fach glos ac mae gweld gofal y ddau hynaf am y ddau fach wrth fynd am dro, neu wneud gwaith ysgol, yn llonni'r fodryb falch hon. Mae'n fy atgoffa o Dad yn bygwth fy lluchio i allan o'r car ar y ffordd i weld Taid yn Rhuthun pan o'n i'n chwech oed ac yn ffraeo efo'r fechan bedair oed wrth fy ymyl. O'r eiliad y trodd y rhieni ar yr un fach, fe lynodd y ddwy chwaer at ei gilydd a sgrechian am yr anghyfiawnder a ddangosodd y tad tuag at y chwaer fawr. Mae'r pedwar yma'n sefyll yn gadarn yn erbyn Mam a Dad Hallam os teimlir fod un yn cael cam.

Un sylweddoliad mawr wrth fod yn fodryb ydy fy edmygedd llwyr at fy chwaer fach a sut mae hi'n dygymod â magu pedwar o hogiau llawn bywyd a hithau'n gweithio fel athrawes lawn amser. Ar brydiau, dwi'n teimlo ei bod hi'n amau bod ganddi un plentyn arall ar ffurf ei chwaer fawr! Yn fy mywyd digyfrifoldeb di-blant, mae gen i'r gallu anfarwol i greu drama o bob problem fach, crefu am anogaeth ar ôl pob siomiant, ffonio am ddadansoddiad ar ôl pob cyfarfod a mynnu trafodaeth ar ôl pob gair croes efo ffrind. Hi sydd yno: i mi, i'w gŵr ac i'r pedwar bach sy'n sugno pob owns o egni ohoni.

Mae ei gweld yn magu'r hogiau ac yn cyfrannu'n werthfawr i'w chymuned, ar y pwyllgor yma a'r pwyllgor acw, yn gwneud cacen i'r gymdeithas hon a threfnu bws i godi arian i'r mudiad hwn, yn sicr yn gwneud i mi deimlo'n agosach at Mam a'r gwerthoedd roedd hi wedi meithrin ynom ni ein dwy. O leiaf mae Ler yn adeiladu ar y rheiny ac yn magu ei hogiau mewn ffordd dwi'n gwybod fyddai'n gwneud Mam yn falch tu hwnt.

Mae bod yn fodryb yn gymorth mawr i mi fod yn onest am fy emosiynau. Wrth eu gwarchod dros nos, treiddio i'w meddyliau bach ac ateb cwestiynau na all neb ond nhw eu gofyn, dwi'n cael fy atgoffa i beidio â chymryd fy hun o ddifrif. Mae mamau a thadau yn cael eu hatgoffa o hyn yn ddyddiol, ond mae'n bwysig ein bod ni fel modrybedd ac ewythrod anghyfrifol yn cael dos bychan o realaeth bob hyn a hyn! Dwi'n llwyr sylweddoli mai fy chwaer a'i gŵr sy'n gwneud y gwaith caib a rhaw o ran y magu, yr addysgu, y dwrdio a'r disgyblu ond does 'na ddim un teimlad gwell yn y byd na phan mae un ohonyn nhw yn gwneud pw yn y poti am y tro cyntaf – i chi ac i chi yn unig – neu'n rhedeg allan o'r pwll nofio i ddangos ei dystysgrif – i chi ac i chi yn unig. Ond wrth gau'r drws ar y giamocs gwallgo a chychwyn fy nhaith tuag adra, dwi'n gwenu wrth feddwl am y tŷ bach teras tawel sy'n disgwyl amdana i yn y ddinas fawr.

Ac wedi wythnos neu ddwy o lonyddwch, mae'r car yn fwy na pharod i anelu ei drwyn tuag at y Felinheli a dôs arall go dda o'r pedwar mwnci bach.

Hyrddiau

TASA FO'N GARIAD i mi, mi fuaswn i wedi cael gwared ohono ers blynyddoedd. Tasa fo'n blentyn drwg mewn ysgol mi fuaswn i wedi ei ddiarddel a tasa fo'n germ mi fuaswn i wedi chwistrellu gwenwyn i'w ladd o. Ond, am ryw reswm, dwi'n maddau y cwbwl bob tro ac mae'r patrwm yn ailgychwyn.

Mae fy chwaer a fy nhad yn ceisio fy narbwyllo nad ydy eu hamynedd yn prinhau wrth iddyn nhw fy hiwmro i eto fyth, lleddfu fy mhryderon a fy mherswadio mai dyma'r broses arferol ac i mi gofio hynny. Mae Eleri druan yn gorfod gwrando ar y sgyrsiau unffordd a thaflu ei chefnogaeth ddiflino drwy'r gwifrau. Mae fy nhad yn fy atgoffa am y pot iogwrt a daflais at wal y gegin cyn fy arholiad Almaeneg. Rydw innau'n ei atgoffa i mi fethu'r arholiad yna.

Wedi bod ar ddi-hun am y nawfed noson o'r bron mae'r corff a'r meddwl yn teimlo fel cadachau llestri budr, ac mae mynd i lawr yn chwys diferol i wneud paned cyn troi'r cyfrifiadur ymlaen i wylio *First Dates* arall am bedwar o'r gloch y bore yn dechrau mynd yn fwrn. Dim ond fi sy'n ddeffro yn y byd. Mae pawb arall yn cysgu'n drwm, yn breuddwydio am draethau a chyfoeth a châr. Fi ydy'r unig un sy'n gweld y dyn treth a'r deintydd yn barod i'm chwarteru a'm chwipio ar erchwyn y gwely.

Does gen i ddim mo'r cyfansoddiad i hyn bellach.

Nid fi sydd mewn rheolaeth. Dwi'n byped ac mae llaw gormod o bobol i fyny fy mhen ôl. Tydy'r catharsis ddim yn ddigon bellach. Mae'r powndio seicolegol a'r paranoia yn llethol ac mae'r hen ffordd o ddarbwyllo a rhoi pethau mewn perspectif wedi fy siomi ers tro. Ro'n i'n arfer gallu rhesymu a rhestru yr hyn sy'n wirioneddol bwysig, o ran cyfrifoldebau bywyd, yn fy mhen a chofio am sefyllfaoedd ffrindiau llai ffodus a chael cysur yn fy ninodedd tila. Mae'r gallu hwnnw wedi fy ngadael bellach.

Dim ond gwisgo i fyny fel rhywun arall wyt ti. Dim ond dweud geiriau rhywun arall wyt ti. Dim ond sefyll yn y lle mae rhywun arall wedi dweud wrthyt ti am sefyll a malu cachu am oriau efo cyd-fodau sy'n cogio bach wyt ti, gan ffeindio ystyr yn y llinell fwyaf codog a chwyno am ddiffyg bwyd a diffyg parch a diffyg ysbrydoliaeth a diffyg arian a diffyg pot coffi a diffyg ambarél i'n cadw ni'n sych a diffyg hyn a diffyg llall a diffyg popeth a diffyg mwy fyth. Chwarae plant.

Rho'r gorau iddi. Ti'n methu actio beth bynnag. Mi ddywedodd honna yn y cylchgrawn yna yn ddigon plaen ar ôl y cynhyrchiad diwethaf. Hi sy'n gwybod. Tydy'r ffordd wyt ti'n clywed pethau yn dy ben a sut maen nhw'n dod allan o dy geg erioed wedi priodi. Erioed. Bu'r holl weithdai hogi crefft yn ddiwerth ac mae'n hen bryd i ti wrthod y cyffur aflwydd.

'Haia Ffion, maen nhw isho i chdi ddarllen rhan...'

Dwi'n berffaith i'r rhan. Mae hi wedi ei gwneud i mi. Mae'r sgwennu'n dda ac mae'r cyfarwyddwr yn ddynes rydw i wedi ei hedmygu ers blynyddoedd. Mae hon yn y bag.

'Haia Ffion... Newyddion drwg yn anffodus...'

Dwi'n ddidalent, dwi'n rhy hen. Pam wnes i ddim gwrando ar Dad a mynd i ddysgu? Sut ydw i'n mynd i dalu'r dreth? Pwy fydd isho fi byth eto? Tydw i byth yn mynd i fod yn Mali Harries. Blydi Mali Harries. Dwi isho bod yn Mali Harries.

Sut ar y ddaear wnaeth hogan fach oedd yn crio cyn adrodd yn Eisteddfod Ysbyty Ifan benderfynu ar yrfa ar lwyfan a theledu a chael ei llyncu gan fyd a oedd yn siŵr o fwydo ei diffyg hyder, ei hansicrwydd a'i chwestiynu mewnol? Sut y trodd y woblars plentyn yn chwydu a methu bwyta am ddiwrnod cyfan cyn cyflwyno yn fyw ar S4C, ac yn ymosodiadau o barlysu ymenyddol cyn camu ar lwyfannau ledled y wlad? Sut y trodd y poenydio yn elyn creadigrwydd oedd yn ceisio ei orau i'm perswadio i beidio â chreu a chwarae a chymryd rhan? Roedd wedi cael gafael arna i. Roedd y patrwm wedi ei sefydlu ac ro'n i'n awchu am y wefr ar ddiwedd y boen. Hwn oedd fy heroin i.

Ond gall pob cyffur fod yn ddinistriol. Tydy o ddim yn beth deniadol dweud eich bod yn dioddef o hyrddiau o banic gwirioneddol, a dros y blynyddoedd, er fy mod yn profi pyliau eithaf sigledig, ro'n i'n dueddol o bw-pwio eraill oedd yn dweud eu bod yn cael ymosodiadau o'r fath. Oedd, roedd y gelyn hwn yn cnocio ar fy nrws ond roedd y cyfuniad o 'mhersonoliaeth bositif a hyder ieuenctid wedi ei gadw ar stepan allanol y drws hwnnw. Wedi'r cyfan, actores (o fath) ydw i ac mae cuddio'n rhan ohona i.

Mi ydw i hefyd yn Gymraes a tydan ni Gymry ddim yn gwneud ffys. Wedi'r cyfan, dwi'n gwybod pa mor lwcus ydw i. Dwi wedi llwyddo i greu rhyw fath o yrfa i mi fy hun ac yn ddiolchgar iawn o hynny, ac mae'n hanner ni ar y teli beth bynnag felly pam gwneud môr a mynydd o swydd mici maws?

Mae creadigrwydd yn eich galluogi i brofi bydoedd newydd a chyffrous ond gall hynny fod yn beth ofnus a diangor. Wrth glymu fy hun i opera sebon am wyth mlynedd profais fy mherthynas hiraf erioed, ac er mor braf a chadarn y berthynas hon, fe ddaeth hi'n amser i luchio fy hun i'r pwll anwadal hwnnw sy'n llarpio sicrwydd a chysondeb a bwydo mymryn mwy ar y cythreuliaid yn fy mhen.

Wrth ffilmio golygfa gabinet dyngedfennol yn y gyfres deledu *Byw Celwydd* y daeth yr hyrddiad cyntaf o banic mawr. Roedd Rhiannon Roberts, fy nghymeriad, yn gorfod rhoi araith fawr am sefyllfa'r gwasanaeth iechyd i weddill aelodau'r Cynulliad o gwmpas y bwrdd gwydr hir. Roedd hi'n brynhawn poeth o haf a ninnau'n ffilmio mewn coleg trydyddol i lawr ym Mae Caerdydd. Aeth y ddwy olygfa gyntaf yn ddi-boen, er gwaethaf areithiau cymhleth a chywrain sgript Meic Povey, a Rhiannon yn dechrau mynd i hwyliau. Yng nghanol yr ail araith yng ngolygfa tri, a'r haul yn poethi siacedi ein siwtiau trymion, mi faglais ar un gair. Tydy cofio geiriau ddim yn dod mor hawdd ag yr oedd ddegawd yn ôl ond, os ydyn nhw yno yn y pen yn rhywle, maen nhw'n dueddol o wneud eu hunain yn hysbys yn ddigon sydyn i beidio â chreu embaras mawr. Ddim y tro yma. Dim un. Dim sill. Dim byd. Mae'n rhaid dal eich tir ar amseroedd fel hyn, yn enwedig o flaen deg actor arall a chriw sydd angen bwrw ymlaen efo'u hamserlen ffilmio dynn. Dim byd.

Düwch oedd yr unig beth. Cymylau duon o flaen fy llygadau a'r galon ar fin pwmpio allan o'i chaets. Arnofio ar y cymylau duon ac edrych i lawr ar y sefyllfa oddi tanaf. Collais bob teimlad heblaw am binnau mân yn fy nwylo chwilboeth. Düwch. Cymylau a dim un gair. Nid y sefyllfa ddelfrydol a minnau'n gwybod bod chwech golygfa arall o'm blaen. Düwch. Diolch byth am Eiry Thomas i siarad drwy bethau efo fi a chynnig rhoi ystum i bob gair yn fy mhen. Dyna'r unig ffordd y deuthum dros y diwrnod dieflig hwnnw. Dyna gychwyn ar rediad o hyrddiau o'r fath dros y cyfnod ffilmio yn y Bae. Bob tro yr edrychai'r camera i fy nghyfeiriad fe gyflymai'r galon a byddai'r geiriau'n mynnu llithro i ffwrdd. Na, nid delfrydol i un â'i bywoliaeth yn dibynnu ar allu i agor ceg a dweud y geiriau iawn, ar yr amser iawn, yn y lle iawn. Mae anadlu dwfn yn help ond mae hynny'n anodd drybeilig pan mae gweddill y corff yn ysgwyd a'r curiad calon yn gyflymach nag un Usain Bolt ar ddiwedd ras.

Yn anffodus, fe gafodd Yr Arglwyddes Macbeth ei tharo ganddynt hefyd wrth ymarfer efo'r Theatr Genedlaethol yng Nghaerfyrddin. Roeddwn i'n benderfynol o beidio â chario'r ofn i Gastell Caerffili lle'r oedd yr arglwyddes a'i gŵr yn trigo am bythefnos o berfformiadau ar ddechrau Chwefror oer 2017, ond haws dweud na gwneud. Er imi geisio dilyn rhaglen o reoli'r anadl ar y we, mynychu sesiynau myfyrio a cheisio siarad yn rhesymegol â fy ymennydd blêr, fe gripiodd yr aflwydd i mewn ac roedd yn rhaid i mi dreulio munudau ar fy mhen fy hun bob nos, o dan leuad Caerffili, cyn mynd ymlaen i arafu'r galon a gwneud yn siŵr fod cyfieithiad Gwyn Thomas yn dal yn fy mhen.

Diolch byth, chollais i ddim un sill.

Yr hyn sy'n ddychrynllyd ydy nad ydy'r hyrddiau yma'n

teimlo bod angen rhoi unrhyw rybudd o fath yn y byd eu bod ar y ffordd ac ar fin torri mewn i'ch bywyd a chreu llanast yn eich corff.

Tydy rhesymeg ddim chwaith yn gallu treiddio drwy'r panig mawr. Roeddwn i'n arfer meddwl 'mod i'n gallu rheoli fy nghorff efo'r meddwl, ond mae popeth yn cael ei luchio drwy'r ffenest ar yr adegau yma ac mae'n rhaid mynd efo'r don sy'n golchi drosoch, gan geisio cofio y bydd yn diflannu mor sydyn ag y cyrhaeddodd.

Beth ar y ddaear sy'n mynd ymlaen, ac ydy fy nyddiau perfformio'n dirwyn i ben o'u herwydd? Mae'r bwli yma'n benderfynol o ddweud wrth fy ymennydd mai methiant ydw i. Tydw i erioed wedi bod yn ddigon da ond gan 'mod i wedi anwybyddu y diawch bach slei dros y blynyddoedd, ac wedi gwthio'r hen deimladau ofnus o dan y carped, maen nhw wedi penderfynu fy llorio yn fy mhedwardegau fel cosb am fyw bywyd bras, difeddwl. Mae'r teimladau du hyn yn mynnu bwyta i mewn i fy nghyfnod cysgu bellach ac mae'r oriau o bendroni ar ystyr bywyd, fy lle i yn y byd hwnnw a sut alla i fod yn hapus heb orfod poeni am bryd y daw yr hyrddiad nesaf, yn fy nhroi'n berson pryderus a blinedig, a hynny yn erbyn fy ewyllys fy hun. O, am gael bod yn hogan lawn asbri, ddiddychryn unwaith eto!

Wedi penderfynu bod yn agored am yr hyrddiau yma efo ambell berson daeth yn amlwg i mi cymaint oedd yn fodlon rhannu eu profiadau hwythau o ddioddef o'r hen ddiawl. Mae'n amlwg nad oes patrwm. Fe'm synnwyd gan faint sy'n dioddef yn dawel a hynny oherwydd y stigma sydd ynghlwm ag aflwydd o'r fath. Diolch i'r drefn am bobol sydd wedi bod yn ddigon agored i ysgrifennu a siarad am eu profiadau dros y blynyddoedd diweddar, sy'n gwneud i ninnau allu uniaethu a derbyn nad ydyn ni ar ein pennau ein hunain.

Gofynnodd rhywun i mi'n ddiweddar sut blentyn oeddwn i. Mae'n hawdd creu naratif o'n gorffennol sydd ddim bob tro yn wir. Er, wedi ceisio creu argraff o blentyn hawddgar a di-hid, mae edrych yn ôl go iawn yn paentio darlun gwahanol. Cofio'r poeni am bopeth yn ddistaw bach yn fy ngwely a'r ymweliad efo'r meddyg teulu yn ddeuddeg oed, achos 'mod I'n methu stopio crio yn sgil y ffaith bod fy nwy ffrind gorau'n gwrthod siarad Cymraeg efo fi. Y meddyg hwnnw'n awgrymu troi i siarad Saesneg efo nhw, i gael bywyd haws, a minnau'n dechrau crio a rhedeg allan o'r feddygfa. Gorfod cydnabod bod gan yr hogan ifanc honno fag papur brown wrth ei hochr ar brydiau, rhag ofn iddi gael pwl annisgwyl fel a gafodd wrth wylio *Dr Zhivago* efo Nain ar noson flwyddyn newydd yn yr 80au. Oedd hadau pryder wedi eu plannu?

Dwi ar fin dechrau ffilmio trydedd gyfres *Byw Celwydd*. Mae'r sgriptiau wedi cyrraedd ac fe gurodd y galon yn gyflymach wrth ddarllen areithiau mawr y Prif Weinidog yr ydw i bellach yn ei bortreadu. Mae llawer o'r golygfeydd wedi eu lleoli o gwmpas y bwrdd cabinet hir lle digwyddodd y gyflafan gyntaf. Bydd rhaid anadlu'n ddwfn a rhesymu â'r ymennydd llawn nadroedd. Rhaid anghofio am y ferch fach â'r bag papur wrth ei hochr a chodi pen yn uchel yng ngwir draddodiad areithwyr gwleidyddol mawr go iawn. Pan fydd y 'cut' olaf yna'n cael ei alw mewn 'chydig fisoedd, a fydda i'n awchu am y cyffur unwaith eto? Neu a ydy hi'n amser rhoi'r gorau iddi a ffeindio rhywbeth arall i roi'r boddhad a'r wefr i mi heb y düwch a'r gorffwyllo dros dro sy'n prysur fy mwyta'n fyw?

Y gyrliog afieithus un (stori cyn mynd i gysgu)

FE'I GANWYD I ddau genedlaetholwr. Yn bump oed, roedd y gyrliog, afieithus un yn rhannu taflenni o gwmpas stadau tai mawr Llandudno a Maesgeirchen. Yn ddeg oed roedd hi'n helpu ei thad yn y blychau pleidleisio ac yn ddwy ar bymtheg roedd hi'n gyrru pensiynwyr cefnogol i'r blychau pleidleisio hynny. Erbyn cyrraedd ei deunawfed pen blwydd roedd hi'n llenwi slotiau peiriannau arian twll yn y wal canol Bangor efo glud oherwydd eu diffyg defnydd o'r iaith Gymraeg.

Pan ddaeth y cyffro o gael pleidleisio am y tro cyntaf, dim ond un blwch oedd am gael ei chroes, a'r blwch â'r geiriau 'Plaid' a 'Cymru' wrth ei ochr oedd hwnnw.

Nid oedd y gyrliog un wedi cwestiynu pam. Roedd yn gynhenid ynddi a dyna ni. Roedd hi'n hollol nodweddiadol o ferch fach ddosbarth canol Gymraeg oedd wedi ei magu ar werthoedd a daliadau cenedlaetholgar braf ac fe'u harddelodd drwy'r ysgol a'r coleg heb feddwl dim. Oherwydd ei dewis o goleg (yr un ar y bryn), y neuadd y dewisiodd fyw ynddi (JMJ), a'r pynciau y dewisiodd eu hastudio (Cymraeg a Drama), fe'i cadwyd hi'n gyrliog ac yn afieithus ac i ffynnu mewn llawenydd llwyr.

Ond wedi rhoi'r gorau i'r astudiaethau, daeth tro ar fyd ac fe benderfynodd yr afieithus un mai dinas Caerdydd oedd ei chae chwarae nesaf. Dyna lle safodd yn stond a sylweddoli bod pobol ddrwg yn bodoli. Pobol nad oedden nhw'n credu'r un peth â hi. Oedd, roedd hi wedi cael ei galw'n 'nashi' gan ferched caled Maesgeirchen ac wedi gorfod brwydro i siarad Cymraeg ar iard yr ysgol Gymraeg. Roedd hi wedi ceisio pontio'r gagendor drwy smocio y tu ôl i wal yr ysgol efo'r rhai oedd yn ei gwawdio, ond roedd hwn yn brofiad newydd, cyffrous. Heblaw am ei llwyth newydd cyfryngol a chwrlid nosweithiau gwlân cotwm Clwb Ifor, fe ddechreuodd y gyrliog un siglo ei hadenydd a symud i fyw at bobol o wledydd tu hwnt ac i gyfathrachu a chwennych rhai nad oedden nhw'n 'ap-iaid' nac yn ddeiliaid pasbort yr ynys hon.

A dyma lle y bu iddi gwestiynu a dadlau a dysgu. Pylodd y canfasio a'r rhannu taflenni am gyfnod a bu iddi ganolbwyntio ar bethau eraill bywyd. Syrthiodd mewn cariad ag ymgyrchydd dros yr amgylchedd, cyfalafwr, Gwyddel a Sais a theithiodd i bedwar ban byd. Bu'n gwrando ar storïau personol o amgylch y tân yn Ne Affrica, yn dysgu am frad tiriogaethol yng ngogledd Awstralia, yn meddwi efo cardotyn ym Muenos Aires ac yn teithio ar gefn ceffyl efo Gaucho gwybodus yn yr Andes. Cafodd ei chyfareddu gan storïau a phrofiadau ei chyd-ddyn. Roedd hi'n gallu gwerthfawrogi tamaid bach o stori pawb ac roedd gan y rhan fwyaf ddiddordeb mewn tamaid bach o'i stori syml hithau.

Roedd pobol yn cael eu denu i wybod mwy am y wlad fach o dair miliwn o bobol roedd hi'n ei charu gymaint. Roedden nhw'n chwilfrydig i wybod a oedd hi'n hanfodol siarad yr iaith er mwyn bod yn Gymraes, a oedd dweud ei bod hi'n genedlatholwraig yn golygu ei bod yn derfysgwraig a beth ar y ddaear oedd pwrpas Eisteddfod? Wrth edrych allan dros afon y Rio Grande yn Chile un noson, daeth awel fwyn i oglais y cyrls a lledodd gwên enfawr ar hyd ei gwefusau.

Doedd hi'n gwybod dim ac eto roedd hi'n gwybod popeth. Fe ailadroddodd y frawddeg yn ei phen a dechrau chwerthin. Roedd yn wir. Doedd hi'n gwybod dim ac eto yr oedd hi'n gwybod popeth. Dechreuodd ganu'r frawddeg yn ei phen. Wedi sadio fymryn, fe geisiodd wneud synnwyr o'r hapusrwydd newydd hwn. Roedd hi'n sicr o un peth; roedd ei chenedlaetholdeb yn gryfach nag erioed. Doedd hi'm yn ofni dweud hynny. Ond sylweddolodd, er mor gryf oedd y cenedlaetholdeb hwn, ei bod hi'n fwy cymysglyd nag erioed. Sylweddolodd nad oedd ganddi atebion pendant i ddadleuon gwleidyddol a chwestiynau ieithyddol a doedd hi erioed wedi bod mor hapus yn ei dryswch.

Yn y dryswch hwn roedd y gobaith. Dechreuodd feddwl am y cysylltiad rhwng iaith a hunaniaeth a gwerthfawrogi nad oedd ei diffiniad hi o genedlaetholdeb yn llwyr ddiffiniol, a bod geiriau megis 'unbeniaethrwydd', 'anoddefgarwch' a 'hiliol' yn ffrwtian ym mhair rhai eraill. Ailymunodd â'r blaid oedd wedi bod yn rhan mor annatod o'i bywyd yn blentyn a diolchodd i'w rhieni am weld ymhell a'i chyflwyno i blaid a oedd yn arddel gwerthoedd rhyngwladoldeb, sosialaeth a chenedlaetholdeb gwyrdd. Daeth i ddeall y gwahaniaeth rhwng cenedlaetholdeb ethnig a chenedlaetholdeb dinesig a gobeithiodd y byddai pawb yn gallu gweld yr un peth.

Wrth ddeall mwy, derbyniodd ei bod yn gwybod llai ac fe ffynnodd wrth ddadlau a thrafod. Wedi blynyddoedd o barchu Plaid Cymru, ymhyfrydodd yn y ffaith bod y blaid honno o'r diwedd wedi dechrau cael ei derbyn i brif ffrwd gwleidyddiaeth ei gwlad. Daeth geiriau fel 'datganoli', 'llywodraeth' a 'senedd' yn rhan annatod o eirfa bob dydd ond gwerthfawrogodd gymhlethdod y berthynas â'i chymdogion yn fwy.

Sefyllfa'r iaith oedd yn dal i boeni'r gyrliog afieithus un a'r atgasedd cynyddol a ddaeth ar ei draws ar strydoedd y ddinas. Oedd, yr oedd y cyngor yn bur gefnogol i ysgolion Cymraeg ac yr oedd yr ystadegau'n ymddangos yn iach. Stori wahanol oedd hi wrth gnocio ar ddrysau cyn etholiad 2015 a doedd ganddi ddim Regal Kingsize i gynnig y tro yma. Lluchiwyd geiriau fel 'elitists', 'moneygrabbers' a 'fascists' o gwmpas a daeth ton o dristwch drosti wrth sylweddoli maint her y gwleidyddion wrth geisio llywio'r cwch i'r cyfeiriad iawn. Wrth gwrs, bu'r iaith yn bwysig i hunaniaeth genedlaethol Gymreig ac i'r Blaid, ond gwelodd fod hon yn llestair a thestun ffieidd-dra i eraill. Wedi brwydro am statws swyddogol a chael ei rhoi yn ei phriod le yn y gwasanaethau cyhoeddus, roedd rhai'n dal i'w gweld fel y bwgan mawr. Ond roedd yna fwgan mwy ar ôl o hyd. A'r bwgan hwnnw...?

Yr 'A' fawr. Wedi blynyddoedd o din-droi nerfus, fe sylweddolodd y gyrliog un mai dim ond un ffordd ac un weledigaeth oedd yn ei thanio a'i denu ac a oedd yn gwneud synnwyr llwyr iddi, ac annibyniaeth i Gymru oedd hwnnw.

Hyd yn oed yn ferch ifanc iawn, roedd y gair mawr hwn wedi ei chyffroi a gyrru ias ac ofn drwy ei chorff chwilfrydig. Wrth ddeall mwy a gwybod llai, yr unig air a oedd yn gwneud synnwyr perffaith oedd y gair gobeithiol hwn. Sylweddolodd nad aeth tin-droi ac ofni'r gair â Chymru i nunlle ar frys. Delfrydiaeth? Gwallgofrwydd? Na!

Dyma realiti a fyddai'n gallu cynnig model newydd, dewr (pan y deuai'r Tomosiaid yn ein plith i sylweddoli bod syniadaeth gadarn y tu ôl i'r cysyniad a bod gennym ysgolheigion a gwleidyddion heb eu hail fyddai'n gallu bwrw'r maen i'r wal), a hynny i wlad sy'n crefu am ddeffroad gwleidyddol er mwyn ei galluogi i ddangos ei dannedd ar y llwyfan rhyngwladol.

Yn anffodus, doedd ffigyrau'r polau piniwn am y dewis dewr hwn ddim yn adlewyrchu barn y gyrliog un a doedd yr ymgecru mewnol am ystyr hunaniaeth a phwrpas iaith ddim yn obeithiol bob tro. Roedd cowtowio Prydeinig yn dal ym mêr esgyrn ei phobol, ond am y tro cyntaf ers iddi gofio, roedd awch am newid gwirioneddol yn ffrwtian a neges wleidyddol glir a chraff yn cydio yn nychymyg carfanau newydd sbon, carfanau a arferai edrych i gyfeiriad draw ac i lawr ar genedlaetholdeb Cymreig. Roedd y newid a'r hyder newydd yng nghenedlaetholdeb yr Albanwyr i'w edmygu ond nid i'w lyncu. Mae gan bawb ei stori ond mae pob stori dda yn syml yn ei hanfod, oherwydd mewn symlrwydd y daw dealltwriaeth. Nid stori dylwyth teg mo stori y gyrliog afieithus un ond, a ddaw'r diweddglo hapus hwnnw sy'n derfyn i straeon cyn noswylio?

Wrth gwrs y daw. Dyna'r unig ffordd i feddwl.

Ein Lis

MAE GALAR YN gymhleth. Pan ddiflanna unigolyn pwysig o deulu, mae pob aelod o'r teulu hwnnw yn galaru amdanyn nhw o'u perspectif a'u llinyn perthnasol, personol eu hunain.

Pan fu farw Marian Lloyd Davies, fe gollais i fy mam, yr un a'm magodd a fy mowldio. Pan gollodd Wil Lloyd Davies yr un Farian honno, fe gollodd ei gariad. Fe gollodd y ferch ifanc ddeunaw oed roedd wedi ei ffansïo yn nawns ffatri Hotpoint yn Eisteddfod Llandudno, a'r un a'i hudodd i aros yn llofft wair fferm ei rhieni wedi iddo fo a'i ffrindiau gael eu taflu allan o'u gwesty am ganu emynau Cymraeg tan ddau o'r gloch y bore. Dyna'r emynau gorau iddo eu canu erioed. Fe foriodd Wil ei ffordd i briodas hapus a barodd dros bum mlynedd ar hugain ac a gynhyrchodd ddwy ferch a oedd, ar y cyfan, yn llonni eu bywydau.

Dyna oedd bywyd. Mam a Dad a Ler a fi.

Flwyddyn a hanner ar ôl y golled fawr y daeth y frawddeg yr oeddem ni wedi bod yn ei hofni.

'Mae gan Dad gariad,' ac fe luchiwyd y fechan a fi i diriogaeth anghyfarwydd heb wybod yn iawn lle i droi na sut i deimlo. Doedd 'na ddim byd a allai fod wedi ein paratoi ar gyfer y cawdel o emosiynau oedd ar fin cael gafael ynom.

Dad oedd Dad. Roedd o'n hen, roedd o'n gofalu amdanom ni ac yna i ni bob amser. Dyna oedd o'n ei ddweud yn y cyfarwyddiadau. Dyna oedd o'n ei ddweud ar y tun. Ond wnes i ddim darllen y bamffled fach ychwanegol a wthiwyd drwy fy nrws heb i mi ei weld ryw ddiwrnod ac arno'r geiriau, 'Be sy'n digwydd wedyn?' Roedd hwnnw'n egluro bod Dad yn ddyn ifanc oedd wedi profi cariad cymar am bron i dair degawd ac a oedd yn haeddu peidio â bod ar ei ben ei hun am byth, yn haeddu caru a chael ei garu eto.

Er bod Dad wedi bod yn ymddwyn yn wahanol, a bod 'na ryw wên fach wirion wedi ffurfio ar ei wyneb ers y cwrs llenyddiaeth yng ngwesty'r Celt, Caernarfon, a thripiau amwys at ffrind amwysach fyth yn dod yn dipyn o batrwm, roedd fy chwaer a minnau'n grediniol mai gwella oedd o wedi'r driniaeth feddygol anferth ar ei galon a gafodd yn ysbyty Manceinion chwe mis ynghynt. Ychydig a wyddem fod y galon fach honno yn cael ei gwnïo yn ôl at ei gilydd gan gyn-athrawes benfelen o orllewin Cymru. Beth oedd yn fwy anhygoel fyth oedd mai dyma'r athrawes benfelen a fyddai'n lleddfu ein teulu bach ni a'n gwneud yn uned gref a hapus unwaith eto.

Does 'na ddim amser cywir i syrthio mewn cariad ar ôl colli câr. Roedd yn amser cywir i Dad am mai Lis wnaeth o gyfarfod yn y gwesty hwnnw ar y pnawn hwnnw ar y cwrs hwnnw yng ngwesty'r Celt. Mae fy nyled i drefnwyr y cwrs yn enfawr.

Beth welais i ar y prynhawn dychrynllyd hwnnw, mewn tafarn dda efo enw crand ar gyrion Caerdydd, pan deimlodd Dad ei fod yn barod i gyflwyno ei gariad newydd i mi oedd dynes smart, denau a chanddi wên gynnes. Wedi dod dros y sioc bod dynes mor ddel yn ffansïo fy nhad, roedd tipyn o ffordd i fynd i ddelio efo deinameg newydd teulu'r Dafisiaid.

Wedi rhestru'r pwyntiau positif am oriau ar y ffôn efo'r chwaer fach, a dod i'r casgliad ei bod yn hollol wahanol i Mam, ac na fyddai'n rhaid i ni ddelio efo llysfrodyr na chwiorydd, fe benderfynom fod y sefyllfa'n llai poenus na'r disgwyl ac ein bod am roi cyfle i'r ddynes newydd. Druan ohoni. Roedd ar brawf megis Julie Andrews yn *The Sound of Music*.

Wedi'r brifo a'r colli, mae rhywbeth prydferth yn gallu digwydd ac mae bywyd yn symud yn ei flaen. Y gwir amdani ydy fod Mam wedi mynd a ddaw hi fyth yn ôl. Fe adawyd twll ar ei hôl ac er na chymer neb ei lle, mae'r twll wedi ei lenwi gan ddynes na alla i bellach fyw hebddi.

Heb os, mae Dad wedi hitio'r jacpot ddwywaith.

Beth nad oeddwn i wedi ei ddisgwyl ar y prynhawn cyntaf hwnnw, ar gyrion y ddinas, oedd ein bod ar fin croesawu dynes tu hwnt o addfwyn, hael, sensitif, ffyddlon, cariadus a llawn hwyl i'n plith. Mae hi wedi bod yn caru a gofalu am fy nhad efo pob tamaid o'i bodolaeth ac wedi fy ngharu i a theulu bach fy chwaer yn bwyllog a doeth ac yn gyflawn. Wnaeth hi erioed wthio ei hun arnom ac yn ein hamser ein hunain fe ddaethom ni i'w derbyn a'i gwerthfawrogi.

Wedi priodas fer yn ei hugeiniau, bu Elisabeth Patricia Davies yn sengl ac annibynnol a llwyddiannus yn ei gyrfa fel athrawes fro ac addysgwraig yn Sir Benfro. Treuliodd flynyddoedd yn ffurfio perthnasau agos a dwfn efo ffrindiau da a bu'n cyd-fyw yn hapus efo'i ffrind gorau, Menna, yng Ngwm-ffrwd ger Caerfyrddin am flynyddoedd. Fe drafaeliodd yn helaeth a dod i adnabod ei hun a chyfrannu at ei chymdeithas. Roedd yn hanner cant pan benderfynodd fynychu'r cwrs a newidiodd drywydd ei bywyd hi a'n bywyd ninnau.

O'r funud y cawsom ein cyflwyno i Lis, mae hi wedi gofalu amdanom. Wrth gamu at yr un oedran ag oedd fy nhad pan y cyfarfu â hi, dwi'n sylweddoli ac yn gwerthfawrogi maint ei chyfraniad i ni fel teulu, a does dim un waith yn y deunaw mlynedd ers iddyn nhw fod yn briod pan dwi wedi teimlo unrhyw genfigen na chael fy nhynnu rhyngddi hi a Dad.

Mae perthynas plant â'u llys-rieni yn gallu bod yn anodd, does dim dwywaith, ac mae emosiynau ar brydiau yn gallu bod yn amrwd, gan fod yr ail briodasau yn bodoli ar y cyfan o ganlyniad i dor-briodas neu golli rhiant. Dau beth trawmatig i blant a dweud y lleiaf. Mae'n destimoni i bersonoliaeth hyfryd Lis ein bod ni wedi gallu ffurfio uned gadarn sy'n ymddiried yn llwyr yn ein gilydd.

Gallaf siarad am Mam efo Lis, fel mae hithau'n gallu trafod colli ei rhieni efo fi. Mae hi'n ffrind ac yn gynghreiriad i mi. Diolch amdani pan mae Dad yn cwestiynu rhai o fy mhenderfyniadau teithiol, carwriaethol neu yrfaol. Mae ei doethineb yn treiddio drwy ei gwên fach slei wrth iddi anelu winc fach ddrwg at ei llysferch falch ac arwain fy nhad yn gelfydd at farn fwy agored na'i un dadol, hen ffasiwn ef.

Mae Taid a 'Gu' wedi magu a gwarchod rhai bach fy chwaer ac mae gweld ei chariad atyn nhw'n rhyfeddol. Fe ddywedodd wrtha i unwaith ei bod wedi breuddwydio am gael bechgyn bach pan oedd hi'n iau. Pan wela i'r pedwar yn rhedeg i mewn i'w cegin, gan luchio eu breichiau o'i chwmpas, dwi'n gwybod ei bod hi'n fodlon ei byd. Anghofia i fyth ei charedigrwydd at fam fy mam dros y blynyddoedd. Fe ddaeth y ddwy yn ffrindiau mawr a Lis oedd yr un fyddai'n golchi ei dillad ac yn ymweld â hi'n wythnosol efo Dad. Roedd 'Elisabeth' yn ddynes siort ora.

Er ei hymarweddiad delicet a soffistigedig, mae 'na ddrygioni yn hon. Toes dim byd gwell gen i nag eistedd rownd bwrdd bwyd eu cartref yn yfed gwin a sgwrsio a chwerthin. Mae hi'n deall pobol, ac er ei bod yn ceisio ei gorau glas i roi hualau ar archwaeth fy nhad am gaws a gwin, methu'n drybeilig mae hi. Rydw innau wedi hen roi'r gorau i bregethu. Maen nhw'n mwynhau bywyd a bod efo'i gilydd i'r eithaf, a phwy ydw i i roi hualau ar hynny!

Bu Dad yn wael eto yn ddiweddar a chafodd ail driniaeth fawr ar ei galon. Bu fy chwaer a Lis a minnau'n eistedd o gwmpas ei wely am ddyddiau yn yr uned gofal dwys yn ysbyty Treforys. Pan ddechreuodd ddeffro o'i drwmgwsg roedd mewn poen gwirioneddol ac fe ellid gweld yr ofn yn ei lygaid. Plygodd y ddynes hardd benfelen wrth ei ochr i lawr tuag ato a sibrwd yn ei glust, 'Dwi yma'. Lledodd gwên gyfarwydd dros ei wyneb. Roedd popeth yn iawn. Roedd ei gariad wrth ei ochr.

Allwn ni ddim dewis llwybr bywyd bob tro. Rhaid derbyn a gwerthfawrogi'r pethau da a drwg. Cawsom ni drysor yn Lis a dwi'n gwybod y byddai Mam wedi ei charu cymaint ag yr ydym ni.

Lle ydw i rŵan?

MAE HI'N DDWY flynedd bellach ers i mi ysgrifennu am fy nheimladau am alcohol a dwi'n barod i ddadansoddi lle ydw i arni rŵan. Penderfynais beidio â darllen yr ysgrif wreiddiol cyn llunio'r atodiad hwn, gan nad ydw i isho ateb pwyntiau penodol na phlymio i lle oedd yr ymennydd ar y pryd, ond yn hytrach ysgrifennu'n llwyr o bersbectif heddiw.

Er mwyn rhannu beth wnes i bryd hynny, yn amlwg ro'n i'n poeni am fy mherthynas glos ag alcohol a sut oedd y berthynas honno'n dechrau troi'n gaethiwus. Roedd y penderfyniad i wared honno'n un gwirioneddol ar y pryd. Ond roedd problem. Tydw i ddim yn meddwl 'mod i wedi gweld y penderfyniad fel un parhaol, ond yn hytrach fel arbrawf dros dro fyddai'n profi unwaith ac am byth nad oeddwn i'n gaeth i alcohol, ac felly y byddai rhoi'r gorau i yfed yn barhaol yn bosibiliad pe byddwn i'n dymuno hynny... Pe byddwn i'n dymuno. Nid dymuniad ydy rhoi'r gorau i yfed alcohol. Mae'n benderfyniad gwirioneddol sy'n cymryd amser ac ymdrech ac ewyllys gref.

Do, fe dorrwyd y llinyn bogail am bron i naw mis. Naw mis cliriaf a hapusaf fy mywyd. Felly beth sydd wedi digwydd a pham 'mod i bellach yn yfed cymaint ag yr o'n i cyn gwneud y penderfyniad i roi'r gorau iddi? Beth sydd wedi fy nhynnu yn ôl? Dwi wedi penderfynu dod â chyfnod o fodlonrwydd a hyder mewnol i ben, ac yn ei le, dewis bywyd o ansicrwydd ar ôl nosweithiau cymdeithasol, momentau tywyll o geisio gwau darnau coll at ei gilydd a chwestiynu gwir naratif fy mywyd. Dewis da.

Roeddwn i wedi penderfynu ar ddechrau'r broses ddialcohol i beidio â chadw draw o unrhyw ddigwyddiad cymdeithasol o'i herwydd, gan fod yn rhaid i'r sobrwydd ffitio efo fi yn hytrach na fel arall. Tydy hyn ddim yn gweithio i bawb, gan fod y temtasiynau'n gallu bod yn ormod ac mae rhai wedi blino ar y math o fywyd sy'n troi o gwmpas y mannau sy'n cynnig alcohol. Dwi ddim yn meddwl mai dyna oedd fy mhroblem i. Roeddwn i wedi blino ac wedi cael llond bol arna i fy hun yn y sefyllfaoedd yma. Er 'mod i'n dal i gredu'n gryf ein bod ni fel Cymry Cymraeg yn dibynnu gormod ar alcohol, a'i fod yn rhan rhy ganolog o'n diwylliant, mae yna nifer helaeth o bobol sy'n gallu cymdeithasu'n gall yn yr awyrgylch hwn, ac sydd yn dal yr un mor gynhyrchiol a chreadigol ag y byddent petaen nhw'n sych. Tipyn o lanast ydw i. Mae canu 'Hen Ferchetan' a 'Summertime' ar dop fy llais am ddau o'r gloch y bore wedi hen golli ei flas.

Yn ystod y naw mis fe lwyddais i fwynhau'r Eisteddfod, Gŵyl Rhif Chwech, dwy noson blu, Her Cylchdaith Cymru, aduniad coleg a nosweithiau o wersylla tan dri o'r golch y bore, heb ddropyn o'r ddiod gadarn, a mwynhau'r rheolaeth a'r trysorau gwybodaeth a gefais yn sgil hynny! Y broblem fawr oedd agwedd eraill tuag ata i. O'r eiliad roedd pobol yn darganfod fy mod yn sobor, roedd nerfusrwydd amlwg yn lledu dros rai, ac wrth iddyn nhw yfed mwy, roedd eu paranoia'n tyfu a'u gallu i ymlacio yn fy nghwmni yn pylu.

Fe redodd un ffrind agos oddi wrtha i fel plentyn bach, yng Ngŵyl Rhif Chwech, wrth iddi drio cael gwared o'r ffrind sobor diflas, tra roedd hi'n ffraeth a difyr ar ei chweched peint! Un o'r darganfyddiadau mwyaf oedd bod y rhan fwyaf o bobol yn feddw ar ôl dau ddiod a does fawr ddim o bwys yn cael ei ddweud ar ôl y trydydd. Ond roeddwn i'n dal i fwynhau cwmni ffrindiau ac yn dal i chwerthin a thraethu yng nghwmni'r rhelyw... tan y deuai'r ailadrodd llafurus. Dyna oedd yr arwydd i mi fynd am y cae sgwâr.

Mae'r mwynhau yma'n gallu bod yn beryglus. Pan oedd popeth yn teimlo'n bositif ac yn dda a minnau'n dechrau sylweddoli 'mod i'n hoffi fi fy hun, a bod gen i bersonoliaeth wedi'r cwbwl, fe ddaeth y foment wan o benderfynu mai dyma'r amser i ailgyflwyno alcohol yn araf bach ac yn gymedrol. Doeddwn i ddim am yfed er mwyn meddwi byth eto – ro'n i wedi gweld ymddygiad digon o bobol i sylweddoli nad oedd hynny'n beth deniadol i neb. Na, roeddwn i am fwynhau ambell wydraid o win da, mynd adra ar ôl y trydydd fel pobol normal, wedi cael mwynhau mymryn bach o'r niwl meddwol direolaeth ro'n i'n meddwl fy mod yn chwilio amdano, a deffro yn ddiedifar a llawen.

Roeddwn i wedi profi unwaith ac am byth fy mod i'n gallu rheoli fy yfed a doedd dim rhaid i mi boeni am orfod wynebu rhoi'r gorau i alcohol yn barhaol. Doedd dim rhaid poeni fyth eto am beth oeddwn i wedi ei wneud a'i ddweud y noson cynt. Fyddwn i byth eto'n fflyrtio efo hogyn anaddas, anghofio ei enw a chwerthin dros baned o goffi yn ei gegin anghyfarwydd cyn cerdded y llwybr cywilydd tuag adra, na gorfod gwrando ar fy nghymydog yn dweud cymaint roedd yn edrych ymlaen i weld faint o amser fyddwn i'n ei dreulio ar stepan drws ffrynt cyn ffeindio fy ngoriad a syrthio i mewn i'r tŷ.

Bu'r arbrawf o ailgyflwyno graddol yn llwyddiant ar y cychwyn. Yr eironi ydy 'mod i wedi profi'r llwnc cyntaf o win coch am dri o'r gloch y bore mewn priodas ffrind sydd wedi rhoi'r gorau i yfed alcohol ers blynyddoedd. Roedd y briodas ym mhellafion Sir Fôn ac wedi i mi fod yn ddynes dacsi o gwmpas yr ynys i tua chwech o bobol (mae'n dda ffeindio rôl pan ydach chi'n sobor), fe gyrhaeddais yn ôl i'r babell fawr yn y cae hyfryd a gweld y gwehilion arferol o gwmpas y byrddau crwn. Roedd rhywbeth braf ac ymlaciedig am y criw meddw blinedig o 'nghwmpas ac roedd gweddillion y poteli gwin coch drud agored yn wincio arna i. Roeddwn yn teimlo'n ddiogel a'r bodau chwyslyd i gyd yn ffrindiau da. Beth oedd o'i le ar dywallt un gwydraid bach i mi fy hun? Roedd hi'n dri o'r gloch y bore ac ro'n i'n aros mewn bwthyn bach ym mhen draw'r cae. Fe fyddwn i yn y gwely ar ôl hon a doedd dim angen meddwl am dacsi na dim. Roedd y rheolaeth yn dal yn gryf ac er i mi dywallt yr ail wydraid a dawnsio i Hot Chocolate ac Abba, fe es i o dan y cwrlid tua phump y bore yn cofio pob gair ac yn hyderus yn fy mhenderfyniad doeth.

Dyma'r patrwm i mi bellach, meddwn yn hyderus. Roedd diwrnod fel yna'n berffaith. Prynhawn sobor llwyr a minnau'n bresennol a disglair, noson o wrando a chyfrannu'n gall cyn llithro'n raddol i ryw golli rheolaeth ysgafn heb orfod llenwi tyllau yn y cof na chreu llinyn storïol y noson dros goffi'n y bore. Dim mwy o boenydio fy hun am groesi'r trothwy oedran derbyniol ar gyfer meddwi parhaus, na'r frwydr fewnol o fynd i chwilio am un bach ychwanegol cyn mynd am y gwely. Roedd y gallu i reoli alcohol a Ffion ar delerau gwych unwaith eto!

Ddeufis yn ddiweddarach ac ro'n i'n eistedd wrth fwrdd y gegin efo'r pen meipen oedd yn prysur ddod yn gyfarwydd ac yn amau a oedd pob manylyn am y noson gynt yn wir ac yn ei le. Roedd hi'n amser tyrchu'n ddwfn am yr hualau a'r rheolau oedd am fod yn ateb i bopeth unwaith eto. Pe byddwn yn rhoi ychydig o'r rheiny yn eu lle fe fyddwn yn ôl dros y gamfa ddiogel i'r cae llawn cymedroldeb ro'n i'n gwybod oedd bellach yn rhan ohona i:

1. Dim ond yfed ar benwythnos.
2. Gellir yfed yn ystod yr wythnos os oes pen blwydd neu ddathliad pwysig.
3. Peidio ag yfed adra ar fy mhen fy hun.
4. Peidio ag yfed gwin ar noson allan.
5. Dim ond yfed gwin efo bwyd.
6. Defnyddio system bwyntiau Weight Watchers i gyfrif calorïau ac felly rheoli'r yfed.
7. Prynu Prosecco yn lle gwin pe byddwn yn cael gwahoddiad i dŷ rhywun arall.
8. Bla bla bla.
9. Bla bla.
10. Bla.

Fis yn ddiweddarach ac roedd hi'n Ddolig a tydy rheolau ddim yn cyfri dros yr Ŵyl. Wythnos yn ddiweddarach ac roedd gwneud addunedau'n ddi-fudd a dibwynt. Fis arall i mewn i'r flwyddyn ac roedd hi'n ben blwydd arna i ac, wrth gwrs, roedd hi'n well dechrau o'r newydd ddiwrnod ar ôl pen blwydd. Mae'n golygu cymaint mwy. Roeddwn i'n dal yn feistr ar y gwin a'r gwirodydd a'r cwrw a'r bybls. Roeddwn i bron yn barod i fod yn fwy cymedrol eto. Bron.

Ai myth ydy yfed cymedrol? Faint o bobol yn fy nghylch i sy'n gallu rheoli faint maen nhw'n yfed mewn gwirionedd? Mae eu diffyg rheolaeth hwythau yn rheswm dros ein cyfeillgarwch, dybiwn i, a siawns nad ydw i wedi gwneud yr holl yfed gwirion yma ar fy mhen fy hun dros y blynyddoedd? Ond a ydw i'n un o'r rhai anffodus sydd ddim yn gwybod pryd i roi'r gorau iddi go iawn? Bellach dwi 'nôl i fod yr un olaf ar ei thraed ar noson allan ac mae'r genod yn gwybod i fod yn wyliadwrus o'r *switch* sy'n digwydd i mi pan nad ydy'r ymennydd socian yn dweud wrth y corff llipa ei fod wedi cael llawn digon. Dyma'r *switch* sy'n golygu na fydda i'n cofio llawer yn y bore am y dadleuon a'r dramateiddio, y canu a'r dadlau gwag.

Mewn ychydig o fisoedd mae'r cyffur hylifol wedi gafael yndda i unwaith eto a dwi wedi tadogi arno ryw fudd cyfrin sy'n sicr ddim yn rhan o'i grynswth go iawn. Pam na lwyddais i werthfawrogi'r llonyddwch a'r rhyddid roedd ei ddiffyg presenoldeb yn ei gynnig i mi? Oes arna i ofn dod i adnabod y fi fy hun go iawn y deuthum i'w gwerthfawrogi yn ystod y naw mis sych?

Toeddwn i erioed wedi teimlo mor fyw ac eto fe benderfynais frathu'r afal a chyfogi ar ei graidd. Dwi'n ôl yn mwynhau oriau ffug ddi-hid cyn dyddiau o boenydio mewnol mawr, a does gen i ddim mo'r cryfder i syllu i fyw llygaid y diawl a dweud mai digon yw digon. Pwy sydd angen cydymaith sy'n ei fychanu a'i rwystro rhag datblygu'n emosiynol? Pwy sydd angen ffrind sy'n tynnu'r hawl i fod yn nhw oddi arnyn nhw, a phwy ar wyneb daear sydd angen cymar sy'n eu hamddifadu o hunan-barch a hunan-werth?

Wrth gwrs, dwi ddim yn meddwl am alcohol bob awr o'r dydd nac yn yfed bob nos. A dwi ddim yn methu mynd i fy ngwaith nac yn colli unrhyw apwyntiad o'i herwydd. Nid dyna fy mhroblem. Methu stopio unwaith dwi wedi cychwyn ydw i. Gall dyddiau neu wythnosau basio rhwng un boliad a'r nesaf ond y gwir ydy ei fod yn ormod i ddynes fy oedran i. Mae'r gwirioni ar yfed hurt yn ôl. Mae'r prynu poteli bach o Tesco ar y ffordd adra yn ôl, ac mae'r bylchau meddyliol ar ôl noson gymdeithasol yn dechrau ennill eu plwyf. Dwi'n yfed i feddwi unwaith eto.

Os ydych chi'n credu ei bod hi'n bosib mynd 'nôl i yfed yn gymedrol ar ôl cyfnod o fod yn sobor er mwyn taclo gormodiaeth, pwyllwch! Mi allwch chi dwyllo eich hunain fel y gwnes i, ond does dim ond un ateb i gael y gorau ar hwn a *rhoi'r* gorau iddi ydy hwnnw. Dwi'n gwybod hynny yn yr un modd ag y mae llawer ohonom yn sylweddoli'r gwir. Dwi wedi gwthio blaen bys i'r byd sobor ac wedi cael naw mis wrth fy modd. Dwi'n gwybod bod yn rhaid i mi wneud penderfyniad mawr er mwyn bod a theimlo fel y person y gwn yr ydw i go iawn. Dwi'n grediniol bod yn rhaid rhoi cyfle i honno fod. Mae'n swnio'n wan ac eironig i ddweud 'mod i *bron* yn barod i wneud rhyw newid mawr... Mae hynny'n dangos nad ydw i yn y lle meddyliol cywir a bod angen rhywbeth ychwanegol i fynd â fi ar hyd y llwybr dwi'n gwybod sydd angen ei droedio i fod yn hapusach ac yn fwy bodlon fy myd. Mae hefyd yn dangos mor gryf ydy rheolaeth y ddiod gadarn. Nid os ond *pryd* ydy'r penderfyniad sydd o 'mlaen. Dwi'n gwybod mai rŵan ydy'r ateb ond mae newid a thorri'r rheolau yn elfen fawr o'r basdyn sy'n rhan annatod o fywyd cymaint ohonom.

Fi a Fo
Priodas Ffrind 2014

Ystafell wely foethus mewn gwesty. Clywir sŵn rhialtwch i lawr y grisiau. Mae dyn yn ei bedwardegau yn y tŷ bach. Mae'n edrych arno ei hun yn y gwydr uwchben y sinc. Mae'n amlwg yn nerfus. Mae'n edrych ar ei oriawr. Mae'n edrych yn y drych unwaith eto ac yn siarad efo fo'i hun.

FO: Y ffŵl hen. Wrth gwrs na ddaeth hi ddim. Callia. Chdi, ia chdi, c.a.ll.i.a.

Mae'n cerdded i'r ystafell wely ac yn eistedd ar y gwely. Mae'n rhoi ei ben yn ei ddwylo ac yn chwerthin yn uchel. Gwelir potel o win coch ar ei hanner a dau wydryn gwag ar y cwpwrdd wrth ochr y gwely. Mae'n tywallt y gwin i un gwydryn ac yn codi llwncdestun iddo'i hun.

FO: Twat. (Mae'n chwerthin yn uchel.)

Clywir cnoc ar y drws ac mae'n codi'n sydyn ac yn colli'r gwin coch dros ei drowsus. Mae'n rhuthro am y drws ac yn dal ei adlewyrchiad yn y gwydr hir wrth y drws, gan sylwi ar y llanast ar ei drowsus.

FO: Shit!

Mae'n agor y drws i ddynes yn ei phedwardegau.

FI: Shit?

FO: Sori, o'n i…

FI: Neis! (Yn cyfeirio at y llanast ar ei drowsus.)

FO: Do'n i ddim yn meddwl bo chdi'n dod.

FI: Na finna chwaith.

SAIB. Mae'r ddau ohonom yn syllu ar ein gilydd am eiliadau.

FI: Wel? Dwi yma rŵan. Wyt ti am 'y ngadael i mewn?

FO: Sori, ia, wrth gwrs.

Mae o'n stumio i mi gerdded i mewn i'r ystafell wely. Dwi'n edrych o gwmpas yr ystafell ac yn sylwi mai mond un gadair wrth ymyl desg sydd yno heblaw am y gwely dwbl mawr.

FI: Blydi hel!

FO: Be?

FI: Wyt ti'n disgwyl i mi neidio i'r gwely efo chdi? Dyma ydy hyn?

FO: *Oh my god*, na. Wrth gwrs ddim.

FI: Wel mae un ohonan ni'n mynd i orfod eistedd ar y gwely a 'dio'n sicr ddim yn fi.

Mae o'n sylwi ar y diffyg cadeiriau.

FO: Do'n i ddim wedi meddwl. Sori.

FI: Nac oeddat.

Rydym ni'n dau'n syllu ar ein gilydd eto. Dwi'n siglo fy mhen. SAIB.

FO: Ym, dwi'n meddwl bod 'na un yn y toilet. A'i nôl hi rŵan.

Mae o'n rhuthro i'r toilet ac yn nôl y gadair. Wrth basio'r drych, mae'n dal ei adlewyrchiad ei hun eto ac yn stumio.

FO: Twat.

Mae'n gosod y gadair y tu ôl i mi a dwi'n parhau i sefyll ar ganol yr ystafell ac yna'n mynd i eistedd ar y gadair wrth ymyl y ddesg. Mae'r gwely rhyngom. Mae'r ddau ohonom yn eistedd yn syllu ar ein gilydd am ychydig eiliadau.

FO: Ti'n edrych yn anhygoel.

FI: Be oeddat ti'n ddisgwyl, rhywun oedd wedi gadael ei hun i fynd achos bod hi dros ei phedwar deg?

FO: Ddim o gwbwl.

FI: Paid â deud bo chdi ddim 'di meddwl sut fyswn i'n edrych heddiw.

Mae'r ddau ohonom yn syllu ar ein gilydd am eiliadau.

FO: Jest cymra fo. Ti'n edrych yn dda.

FI: Diolch.

SAIB.

FO: Welodd rhywun chdi'n dod i fyny?

FI: Do. Ym, Lucy, dy fam, dy chwaer, o… a'r gweinidog… Fydda i'n mynd i stafell y gweinidog ar ôl bod fan hyn.

Mae o'n gwenu. Dwi'n dechrau chwerthin.

FO: Sh!

FI: Ymlacia. Welodd neb fi. Dwi yma rŵan.

SAIB.

FI: Dwi ddim yn gwbod pam chwaith.

FO: Diolch am ddod.

FI: Paid â gneud i mi ddeud 'croeso' achos dwi o fewn eiliadau i gerdded o'ma i chdi gael dallt.

FO: Wyt ti?

Mae'r ddau ohonom yn syllu ar ein gilydd. Tydw i ddim yn ateb. Dwi'n aros yn fy nghadair.

FO: Gymri di wydraid o goch?

FI: Chablis? Blydi hel!

FO: Ia, ocê. Meddwl mai dyna fasat ti'n licio.

FI: Oeddat ti? Hyderus felly.

FO: Wel?

FI: Dim ond un bach, 'ta. Ti yn deall hynny, dwyt?

FO: Un.

Mae'n tywallt gwydraid i mi ac un arall iddo'i hun. Mae'n cerdded tuag ata i ac yn rhoi'r gwydr yn fy llaw. Rydym yn codi ein gwydrau.

FO: Alla i ddim credu bo chdi yma.

FI: Na finna chwaith.

SAIB.

FO: Gwasanaeth neis, yn doedd?

FI: Oedd.

FO: Edrych yn hapus iawn, yn dydyn?

FI: Yndyn.

Mae o'n gwenu.

FI: Wyt ti?

FO: Be?

FI: Yn hapus?

FO: Weithiau... ond mae pethau yn newid, dydyn?

FI: Ym mha ffordd?

FO: Tydyn nhw ddim fel ag yr oeddan nhw.

FI: Mae hynny'n golygu yr un peth.

FO: Mae petha'n gymhleth.

FI: Efo chdi? Wir?

SAIB. Y ddau ohonom yn gwenu.

FO: Mae'n dda dy weld di. Wir.

SAIB. Dwi'n gwenu.

FI: Pam dwi yma?
FO: Mond chdi sy'n gallu ateb hynna.
FI: Ffyc off! Paid â dechra chwara gêms efo fi. Pam
            wnest TI ofyn i mi ddod i fyny?
FO: Dwi ddim yn gwbod.
FI: Ti ddim yn gwbod?
FO: Na.

Dwi'n rhoi'r gwydr yn galed ar y ddesg, yn codi i fynd ac yn
cerdded tuag at y drws.

FO: Plis. Paid.
FI: Pam?
FO: Dwi ddim isho i chdi. Plis paid â mynd.
FI: Rheswm?
FO: Does gen i ddim un.

Dwi'n agor y drws.

FO: Plis.

Rydym ni'n syllu ar ein gilydd.

FI: Os ydw i yma i chdi gael lleddfu dy gydwybod, yna dwi'n mynd.

FO: Dwyt ti ddim. O'n i jest angen dy weld di ar dy ben dy hun.

FI: Reit, ti wedi 'ngweld i. Dwi wedi dy weld di a dydy hyn ddim yn teimlo'n iawn.

Dwi'n stumio i adael.

FO: Plis. Dwi'n erfyn arnat ti.

SAIB. Dwi'n dechrau chwerthin.

FI: Blydi hel, ti'n dwat... Erfyn? Gair da.

FO: Sori.

FI: Ti'n pathetic.

FO: Sori.

FI: Cau dy geg efo dy holl soris. Dwi ddim isho eu clywed nhw, a beth bynnag, mae'r *limit* arnyn nhw wedi hen basio.

FO: Sori.

Mae'r ddau ohonom yn dechrau chwerthin.

FI: Iesu, ti'n mentro, dwyt?

FO: A dwyt titha ddim?

FI: Nid fi ydy'r un priod.

FO: Paid.

FI: Dwi wedi teimlo ei ll'gadau hi arna i drwy'r
         dydd.

FO: Dim rhyfedd, yn y ffrog yna.

FI: Lle mae hi'n meddwl wyt ti?

FO: Dwi wedi deud nad ydw i'n teimlo'n sbesial a
         'mod i angen awran o gwsg. Ddaw hi ddim i fyny
         am o leia awr.

FI: Blydi hel.

FO :   Jest stedda lawr, 'nei di? Ar y gwely. Ti'n gwbod
         'na i ddim byd. Nid dyna pam wyt ti yma.

Dwi'n eistedd ar erchwyn y gwely. Mae o'n yfed llymaid o
win. SAIB.

FI: Wyt ti'n dal mor dda? Yn y gwely?

Mae o'n colli ychydig mwy o win.

FO: Paid.

FI: Ti'n llanast.

FO: Yndw.

FI: Ti'n gwbod pa mor hapus mae hynna yn fy ngneud
         i?

SAIB.

FO: Alla i ddychmygu.

FI: Be wyt ti isho? Ar ôl deg mlynedd?

FO: Wyth mlynedd.

FI: Be?

FO: Welish i chdi wyth mlynedd yn ôl.

FI: Dydy hynna ddim yn cyfri.

FO: Ond welish i chdi. Nes i dy wylio di o gefn y stafell.

FI: O'n i'n gwbod bo chdi yno.

FO: Sut?

FI: Nes i nabod dy dagiad di.

FO: Neis.

FI: Na, doedd o ddim, deud y gwir.

SAIB. Y ddau ohonom yn gwenu.

FO: Oeddat ti'n wych, fel arfer.

FI: Diolch.

FO: Nest ti ddim meddwl dod i chwilio amdana i wedyn?

FI: Nes i feddwl.

FO: Ond nest ti ddim.

FI: Na.

SAIB.

FI: Dwi'n falch na wnes i ddim.

FO: Pam?

FI: Welist ti fi ar fy ngora. O'n i'n gwbod y basa hynna'n brifo.

FO: Blydi hel, ti'n galed.

FI: Ydw i?

Rydym ni'n edrych i fyw llygaid ein gilydd.

FI: Paid â'i ddeud o.

FO: Pam?

FI: Does gen ti ddim hawl.

FO: Na. Ti'n iawn.

FI: Felly paid. Ddim heno.

FI: Wedi mynd yn *bored* wyt ti, ia? Canolbwyntio gormod ar y plant, ydy hi? Ddim yn deall dy anghenion di? A finne'n ymddangos yn fwy cyffrous erbyn rŵan?

SAIB. Y ddau ohonom yn syllu.

FI: Dyna sydd wedi digwydd, ia?

Dydy o ddim yn ateb.

FI: Ydy'r rhyw yn crap?

Dydy o ddim yn ateb.

FI: Deud 'wbath.

Dydy o ddim yn ateb.

FI: Pam? Rhy nacyrd i agor ei choesa i chdi dyddia 'ma?

FO: Paid.

FI: O'n i'n gwbod fasa hi byth mor dda â fi yn gwely. Dydy hi ddim yn edrych y teip. Wrth gwrs na fel hyn oedd petha'n mynd i fod. Ti mor ffycin *predictable*.

FO: Nid fel'na mae pethau.

FI: Wel sut yn union maen nhw? Y?

SAIB.

FO: Dydy dy dafod di ddim wedi newid.

FI: Paid ti â bod mor siŵr. Mae 'na lot o bethau wedi newid. Yn fanma (fy ngheg). A fanma (fy mhen).

FO: O'n achos i?

FI: Fasa chdi'n licio hynna, basat?

Dydy o ddim yn ateb.

FI: Tydw i ddim byd tebyg i fel o'n i bryd hynny. Diolch i chdi am 'chydig ohono fo, ond chei di ddim y clod i gyd.

FO: Stopia fod mor galed am ddau funud, 'nei di?

FI: Iesu mae gen ti wyneb!

FO: Allwn ni siarad yn gall am funud bach?

SAIB.

FI: Be ti isho i mi ddeud? Fasa'n well i mi fynd. Mond
          gwylltio 'na i.

FO: Mae hynny'n iawn hefyd, sdi.

FI: Paid ti â rhoi caniatâd i mi deimlo fy nheimladau
          fy hun, y twat.

FO: Paid â 'ngalw fi'n dwat.

FI :   (Yn dawel) Twat.

FO: O'n i'n gwbod y basa chdi'n gneud hynna. Twat.

Dwi'n gwenu. SAIB. Y ddau ohonom yn syllu i fyw llygaid ein
gilydd. Fi sy'n torri'r foment. Dwi'n codi.

FI: Dwi'n mynd.

Mae o'n gwenu heb ddweud dim. Dwi'n cerdded at y drws
unwaith eto. Y ddau ohonom yn syllu eto.

FO: Dos 'ta.

FI: Dwi'n mynd.

FO: Iawn.

FI: Dwi'n mynd a dwi ddim yn dod 'nôl. Cymera un
          edrychiad ola ar be fasa chdi wedi gallu ei gael.
          Be fasa rŵan wedi gallu bod.

SAIB HIR. Dwi'n rhoi fy llaw ar fwlyn y drws.

FO: Plis stedda i lawr am ddau funud.

SAIB HIR.

162

FI: Mae gen i ofn.

FO: Dwi'n gwbod.

FI: Mae'r ofn 'ma yn fy ffieiddio fi.

FO: Mae hynny'n...

FI: Paid ti â meiddio deud 'iawn'.

FO: (Yn gwenu) Sori.

FI: Wyt ti?

FO: Yndw.

FI: Deud o, 'ta.

FO: Sori.

SAIB.

FI: Ti yn deall nad ydw i angen y sori 'na, dwyt? Ti
        YN deall hynny.

FO: Yndw. Ond mae o wedi bod yna ers dros ddeg
        mlynedd yn disgwyl. Mae o'n fy mwyta fi'n fyw.

FI: Dwi'n falch.

FO: Dwi'n gwbod.

SAIB.

FI: Dwi'n falch achos o'n i'n gwbod y bysa hyn yn
        digwydd. Mae hynny'n rhoi boddhad mawr i mi.

FO: Llongyfarchiadau. Ti'n iawn. Yn union fel oeddat
        ti'n iawn am bob dim yr holl flynyddoedd yna'n
        ôl.

Dwi'n gwenu.

FO: Gad i mi dollti un gwydraid bach arall i ti.

FI: Na.

FO: Ty'd! Ddim bob dydd mae dy ffrind gorau di, a'n ffrind gorau fi, yn priodi.

FI: Tydw i ddim ei angen o.

FO: Aw!

SAIB.

FI: Ti'n dal wrthi fel oeddat ti?

FO: Fel o'n i? Ers pryd wyt ti wedi dy ordeinio?

FI: Ti'n gwbod be dwi'n feddwl.

FO: Dwi'n cael ambell un. Weithiau. Dwi'n gallu stopio am fisoedd. Pan oedd Lucy'n disgwyl yr ail nes i stopio am y naw mis efo hi.

Mae hyn yn fy mrifo i fymryn.

FI: Chwarae blydi teg i chdi. Be am y blynyddoedd pan oedd y babi'n cachu ac yn chwydu yn bob man? Oeddat ti'n sobor bryd hynny hefyd?

Dydy o ddim yn ateb.

FI: Be am y powdwr gwyn?

FO: Blydi hel, be 'di hyn? Llys barn?

FI: Cym off it. Mi roist ti dy drwyn a dy iau drwy uffern am flynyddoedd. Ydyn nhw'n cael amser gwell gen ti dyddia 'ma?

FO: Cyfnod oedd hwnna. Pan o'n i'n methu delio efo chdi fel oeddat ti.

FI: Fel oeddwn i?

FO: Pan oeddat ti i ffwrdd gymaint ac yn cymdeithasu efo'r criwiau newydd cyffrous 'na o gwmpas y wlad.

FI: Waw! Ti'n rhoi'r problemau yna i gyd arna i hefyd.

FO: Do'n i'm yn ei feddwl o fel yna. Ti'n gwbod faint o'n i'n dy golli di.

FI: O'n i'n neud o i ni.

FO: Dwi'n gallu gweld hynna rŵan ond pan gychwynnist ti yng Nghaerdydd o'n i methu côpio. Yn enwedig pan o'n i'n gorfod malu cachu efo'r holl bobl 'na o'n i ddim yn nabod. Oedd pethau'n dod mor hawdd i chdi.

FI: Fasa rhai yn ei alw fo'n bersonoliaeth.

SAIB.

FI: Sori.

SAIB.

FI: Dwi'n gwbod bod petha'n anodd bryd hynny ond doedd o ddim yn esgus. Creu dyfodol i ni o'n i. I. Ni. Nes i erioed feddwl yn nhermau dim arall.

FO: Paid.

FI: Ddim isho'i glywed o? Gneud i chdi deimlo'n fwy euog?

FO: Nest ti erioed ddangos dy fod ti'n angen i.

FI: Mae hynna wedi sticio efo fi hyd heddiw.

FO: Oedd o'n wir.

FI: Dwi'n cofio chdi'n ddeud o wrtha i yn gefn y tacsi.

FO: Roedd hwnna'n un o'r troeon ola i mi dy weld di.

FI: Mae'r geiriau yna wedi fy nghadw fi'n effro'r nos. Doeddwn i ddim dy angen di. Nid angen ydy cariad. O'n i dy isho di.

FO: Ond o'n i dy angen di. O'n i dy angen di gymaint. Sgen ti ddim syniad.

FI: Tydw i erioed wedi bod angen neb. Mae hynny'n fy nychryn i weithiau.

FO: Ti erioed wedi dangos i neb dy fod ti eu hangen nhw ers hynny chwaith?

FI: Na.

FO: Wyt ti wedi bod isho rhywun, 'ta?

FI: Ddim go iawn.

FO: Pam?

FI: Fy nghyfrinach i ydy honno.

FO: Ti'n hapus?

FI: Yndw.

FO: Go iawn?

FI: Go iawn.

Y ddau ohonom yn syllu ar ein gilydd. Fi sy'n ildio gyntaf.

FI: Chest ti erioed le i amau fy ffyddlondeb i. Cofia hynny.

FO: O'n i allan o fy nyfnder efo chdi.

FI: A dyna pam nest ti ffwcio rhywun arall? Achos bo chdi allan o dy ddyfnder?

FO: Nei di byth ddeall.

FI: Waw!

FO: Mae'n wir. Oeddat ti wastad mewn rheolaeth. Oedd pawb yn cael eu denu atat ti. Ro'n i'n cael fy ngadael ar ôl.

FI: Nes i erioed drio gneud i chdi deimlo fel yna. O'n i'n meddwl bod ni'n gyfartal.

FO: Fy ansicrwydd i oedd hynna. Roedd y petha eraill 'na yn rhoi hyder i mi. I fod yn pwy o'n i'n meddwl oeddat ti isho i mi fod.

FI: Mond chdi dy hun o'n i isho i chdi fod.

FO: O'n i'n methu gweld hynny ar y pryd.

SAIB.

FO: O'n i'n genfigennus ohonat ti.

FI: Ond oeddat ti'n gneud mor dda.

FO: Oeddat ti'n gneud yn well.

FI: Perthynas oedd hi, nid cystadleuaeth. Un o'n i'n meddwl oedd yn gweithio.

FO: Mi wnes i drio deud wrthat ti pa mor anhapus o'n i.

FI: Do?

SAIB. Y ddau ohonom yn syllu i lygaid ein gilydd. Dwi'n sylweddoli at be mae o'n cyfeirio.

FI: Sori. Wnes i ddim delio efo'r sefyllfa yna'n iawn y tro hwnnw. Ro'n i'n gweld be ddudist ti fel beirniadaeth arna i yn lle gofyn pam oeddat ti'n teimlo fel oeddat ti.

FO: Isho gweld dy ymateb di o'n i dwi'n meddwl.

FI: Dwi'n ymddiheuro am be gest ti gen i'r tro yna.

FO: Oeddat ti mor brysur.

FI: O'n.

FO: Ac o'n i'n unig.

FI: Oeddat.

FO: Nid beirniadaeth arnat ti oedd o. Mi roeddwn i mewn lle drwg.

FI: Mi wnest ti drio siarad efo fi bryd hynny, dwi'n gwbod.

FO: (Yn gwenu) Waw!

FI: Paid.

SAIB.

FO: Tydy o'n dal ddim yn esgus am be wnes i wedyn.

FI: Na, ond mi ddylswn i fod wedi sylweddoli bo chdi mewn lle bregus. Oedd clywed am y teimladau tywyll 'na yn gadarnhad 'mod i ddim yn dy neud di'n hapus. O'n i methu delio efo hynny. O'n i isho i bob dim fod yn iawn. O'n i isho i chdi fod yn iawn. Achos oedd bob dim arall yn iawn.

FO: Yn dy gynllun bach di.

FI: Ia.

SAIB.

FI: Sori.

FO: Waw!

FI: (Yn gwenu) Waw!

SAIB.

FI: Oes 'na bwrpas i hyn go iawn? Tydy o ddim yn mynd i newid dim.

FO: Falle ddim, ond paid â deud wrtha i nad wyt ti wedi meddwl sut fasa petha wedi bod.

FI: Tasa chdi ddim wedi ffwcio rhywun arall tu ôl i 'nghefn i a'i chael hi'n feichiog?

FO: Tasa chdi wedi deud iawn y noson yna ym Mryste.

FI: Honna oedd noson waetha fy mywyd i.

FO: Diolch.

FI: Paid â deud nad wyt ti'n cytuno. Dwi'n pasio'r gwesty weithiau ar y ffordd i gyfarfodydd yn Llundain. Ma'n stumog i'n troi bob tro.

FO: Y *proposal* gwaetha yn hanes y byd?

FI: Dwi ddim hyd yn oed yn cofio pam wnaethon ni ffraeo.

FO: Na fi.

FI: A finna'n crio ar y gwely a chitha'n gweiddi o'r toilet, 'Dwi wedi dod â chdi yma...'

Mae o'n ymuno ar ddiwedd y frawddeg.

FI A FO: '...i ofyn i chdi'n ffwcin 'mhriodi fi, yr ast wirion!'

Y ddau ohonom yn chwerthin efo'n gilydd am y tro cyntaf.

FI: 'O ffwcia hi o'ma efo dy broposal goc,' medda fi.

FO: Na.

FI: Na, be?

FO: Dim dyna be ddudist ti.

FI: Wrth gwrs mai dyna ddudish i.

FO: Naci, oeddat ti lot mwy creulon na hynny.

FI: Be ti'n feddwl?

FO: Dyna pryd ddudist ti wrtha i bo fi mond yn gofyn i chdi achos bod Dad mor wael, a bo fi isho iddo fo wybod bo fi 'di setlo i lawr cyn iddo fo farw.

FI: Nesh i ddim deud hynny.

FO: Do.

FI: Nid yn fanna.

FO: Do, yn fanna.

FI: Dwi'n cofio awgrymu'r peth wedyn. Dipyn wedyn. Ddim yn fanna.

FO: Do, mi wnest ti.

FI: Sori.

FO: Waw! Mwy nag un sori mewn llai na hanner awr. Mwy na ddudist ti yn yr holl flynyddoedd oeddan ni efo'n gilydd.

FI: Piss off. Dwi yn gwbod un peth. Tasa petha wedi bod yn wahanol ym Mryste, mi fasan ni wedi ysgaru erbyn rŵan.

FO: Pam ti'n deud hynny?

FI: Dwi jest yn gwbod. Fasan ni ddim wedi para.

FO: Fasan ni wedi gorfod trio'n galetach, gneud iddo fo weithio.

FI: Faswn i ddim wedi gweithio ar bethau. O'n i isho i bethau fod yn hawdd.

FO: Fel oedd bob dim arall yn dod mor hawdd i chdi?

FI: Falla.

FO: Dydy bywyd ddim yn hawdd. Mae'n rhaid i ti weithio ar bethau weithiau.

FI: Dwi'n sylweddoli hynna rŵan.

FO: Wyt ti?

FI: Yndw.

FO: O'n i wir yn meddwl bod gynnon ni rywbeth gwerthfawr.

FI: Sut elli di ddeud hynna ar ôl be nest ti?

FO: Nes i bopeth yn fy ngallu i dy gael di'n ôl. Faswn i wedi gneud unrhyw beth. Ti'n gwbod hynny.

FI: Ar draul dy blentyn?

FO: Ia... Naci. Faswn i wedi gneud yn iawn efo Lucy a'r babi hefyd.

FI: Fasa hynna wedi bod yn neis i chdi, basa? Cael bob dim. Hawdd.

FO: Na, fasa fo ddim wedi bod yn hawdd, ond blydi hel faswn i wedi gneud i unrhyw beth weithio er mwyn dy gadw di.

FI: Peidio cysgu efo rhywun arall fasa wedi fy nghadw fi.

FO: Faswn i ddim wedi cysgu efo rhywun arall tasa –

FI: Paid ti â meiddio.

Y ddau ohonom yn syllu ar ein gilydd.

FO: O'n i'n dy garu di gymaint.

FI: Doedd hynny ddim yn ddigon.

FO: Na.

FI: Na.

SAIB.

FI: Ga i ofyn cwestiwn i chdi?

FO: Tria fi.

FI: Wyt ti wedi bod yn ffyddlon i Lucy dros y blynyddoedd?

FO: Be fasa'n gneud i chdi deimlo orau?

FI: Y gwir.

SAIB.

FO: Do.

Mae hyn yn fy llorio yn annisgwyl.

FO: Dwi ddim wedi bod yn ffyddlon fyny fanma (pwyntio at ei ben). Dwi'n gwbod ei bod hi'n gwbod lle mae fy meddwl i'n mynd.

FI: Ti 'di meddwl amdana i pan ti'n ffwcio hi?

FO: Do. Ti 'di meddwl amdana i?

FI: Na.

FO: Dwi'n gwbod i bod hi'n gwbod bod y noson yma yn mynd i ddod. Dydy hi ddim yn gallu yngan dy enw di. Hyd yn oed ar ôl yr holl flynyddoedd.

FI: Fi ddylsa ei chasáu hi. Doeddwn i erioed yn fygythiad iddi hi.

FO: Mae hi'n gwbod yn iawn. Tydy hi ddim yn dwp.

FI: Ond ti wedi aros efo hi am yr holl flynyddoedd. Mae'n rhaid dy fod ti'n ei charu hi'n fawr. I ti aros yn ffyddlon.

FO: Mae pethau'n gorfod newid pan mae gen ti blant. (SAIB.) Sori.

FI: Am be?

FO: Chest ti erioed blant.

FI: Stop. Nes i erioed ddeud 'mod i isho plant?

FO: Naethon ni erioed ei drafod o.

FI: Dwi'n iawn.

SAIB.

FO: Mae 'nghariad i at Lucy yn hollol wahanol i beth o'n i'n deimlo amdanat ti. Faswn i wedi bod dy isho di, plant neu beidio.

FI: Digon hawdd deud hynna rŵan, dydy?

FO: Falle.

FI: Dos yn ôl i lawr fanna ati. Mae hi'n siŵr o fod yn chwilio i weld lle ydw i os wyt ti ddim yna. Dwi'n fygythiad yn gyffredinol heb bartner mewn lle fel 'ma, heb sôn am fod yn gyn-gariad i chdi. Fydd hi i fyny yma fel siot pan welith hi bo fi ddim i lawr yna chwaith.

SAIB.

FI: Be wyt ti'n ddisgwyl gen i?

FO: Dwi'n disgwyl dim. Dwi mond isho i chdi wybod 'mod i wedi bod yn brifo bob dydd ers i ni wahanu.

FI: Ac mae hynny'n gneud popeth yn iawn?

FO: Chdi fynnodd 'mod i'n cymryd cyfrifoldeb dros y babi. A chdi ddudodd y baswn i'n dod i garu Lucy.

FI: Oedd o'r peth anodda dwi erioed wedi gorfod ei neud. O'n i'n dy garu di gymaint ar y pryd.

FO: Dwi'n gwbod.

FI: Tydw i ddim yn cofio'r ddwy flynedd gynta ar ôl i ti fynd. Doeddwn i ddim yn teimlo dim byd. Nes i wahardd y genod rhag yngan dy enw di hyd yn oed. Doedd hyd yn oed dy chwaer ddim yn cael siarad amdanat ti.

FO: Wn i.

FI: Mi faglodd un ohonyn nhw unwaith drwy ddeud wrtha i be oedd enw dy fabi di. Nes i grio am ddau ddiwrnod cyfan.

FO: O'n i'n meddwl amdanat ti drwy'r amser. Dyna pam es i ar gyfeiliorn.

FI: Maddeuant... Dyna wyt ti isho gen i?

FO: Na. Nid dyna pam dwi yma.

SAIB.

FI: Dwi wedi maddau i chdi. Mi wnes i orfodi fy hun
        i neud hynny yn gynnar iawn neu dwi'n meddwl
        y baswn i wedi mynd yn sâl.
FO: Dy weld di. Siarad efo chdi. Mond hynny.

SAIB.

FO: Dwi wedi bod yn sâl.
FI: Ti'n isel eto?
FO: Na, sâl go iawn.
FI: Paid â chwarae efo fi.
FO: Faswn i'n licio taswn i.

SAIB.

FI: Be?
FO: Canser y ceilliau.

SAIB.

FO: Oedd yn rhaid i mi dy weld di.
FI: Ers faint?
FO: Chydig o fisoedd.
FI: Ffycin hel.
FO: Dyna ddudish i. Ond mae pethau'n edrych yn
        addawol. Dwi wedi ymateb yn dda.

FI: Reit.

FO: Chdi oedd y person cynta o'n i isho ffonio. O'n i isho i ti afael amdana i, ond o'n i'n gwbod bod gen i ddim hawl. Pan ti'n wynebu rhywbeth fel'ma ti'n sylweddoli pwy ydy'r rhai ti'n garu go iawn. Chdi ydy'r unig un sydd wedi bod ar fy meddwl i ers i mi gael y newyddion.

FI: Mi ddylat ti fod efo dy wraig a dy blant rŵan. Ti yn gwbod hynny, yn dwyt?

FO: Ydw, ond fedra i ddim.

FI: Cachgi wyt ti felly.

FO: Ia, ti'n gwbod hynny.

FI: Ti mewn poen?

FO: Dwi'n lladd y boen efo'r rhain (ymestyn am y poenladdwyr a'r gwin), ond dwi'n gallu ei deimlo fo y tu mewn i mi.

FI: Be ti'n feddwl?

SAIB.

FO: Dwi'n deffro tua tri o'r gloch bob bore a dwi'n dychmygu 'mod i'n gallu ei glywed o'n tyfu tu mewn i mi. Mae ganddo fo ei sŵn ei hun. Pan mae pawb arall yn anadlu'n ddwfn o 'nghwmpas i, dwi'n clywed y bastard yn crogi fy ngheillia fi.

FI: Ydy o'n boen parhaol?

FO: Na, mae'n dewis ei amser. Dwi wedi rhoi enw iddo fo. Gesha be nes i ddewis?

FI: O'r holl enwau yn y byd, ti'n disgwyl i mi ddewis
        yr un enw ti 'di penderfynu galw dy gansar?

FO: Pwy ydy'r un boi o'n i'n gasáu pan o'n i'n tyfu i
        fyny? Yr un boi wnaeth fy mywyd i yn yr ysgol yn
        uffern?

FI: Darren.

FO: Darren.

FI: Ti 'di galw dy ganser yn Darren?

FO: Do.

Mae'r ddau ohonom yn dechrau chwerthin yn afreolus.

FO: Mae Darren yn dal i neud 'y mywyd i'n uffern.

FI: Ond os dwi'n cofio'n iawn, mi roist ti gelpan i
        Darren ar yr iard a nath o 'rioed dy boeni di wedyn.

FO: O, am gael mynd 'nôl i'r iard ysgol, 'de?

FI: Ia.

SAIB HIR.

FO: Nei di fy nghyfarfod i yn rhywle yn fuan? Noson i
        ffwrdd yn rhywle. I ni gael siarad yn iawn.

FI: Be?

FO: Plis.

FI: Alla i ddim.

FO: Plis.

FI: Plis paid â gofyn i mi.

FO: Mond i siarad. Dydy Lucy ddim yn...

FI: Paid ti â meiddio.

FO: Dwi ddim isho bod ar ben fy hun yn gwrando ar
        Darren yn tyfu.

FI: Dwyt ti ddim ar dy ben dy hun.

FO: Wna i ddim dy gyffwrdd di.

FI: Mae hyn yn annheg.

FO: Ydy o?

FI: Ydy.

FO: Un noson. Dyna'r cyfan dwi isho.

FI: Faswn i'n methu byw efo'r atgof.

FO: I gymodi.

FI: Fasa hynny'n fy llorio i.

SAIB.

FO: Pam ddoist ti yma heno?

FI: Ddim i hyn.

FO: Pam?

FI: Nes i drio brwydro yn erbyn y peth ond mi
        dynnodd rhywbeth fi at y drws 'na.

FO: Sgen ti'm syniad mor hapus ydw i bo chdi wedi
        dod yma.

FI: Dwi'n difaru cerddad i fyny'r grisiau 'na.

FO: Paid â deud hynna.

FI: Fasa'n haws taswn i ddim wedi dod.

FO: Ti yma rŵan. Mae'r difrod wedi ei neud yn
        barod felly neith un noson efo'n gilydd ddim
        gwahaniaeth.

FI: I chdi falle... Ti wir ddim yn sylweddoli y dinistr
        wnest ti mewn yn fan'ma, nagwyt?

FO: Ond ti'n hapus rŵan, medda chdi.

FI: Ydw. Dwi'n hapus. Rŵan.

FO: All yr hapusrwydd yna ddim gadael i chdi edrych yn ôl efo fi am un noson yn rhywle? Dwi ddim isho dy dorri di.

FI: Mi ddysgish i beth ydy crafu'n ôl o'r düwch ar ôl be wnest ti. Tydw i ddim angen mynd yn ôl yna tro yma.

FO: Mae 'na wahaniaeth rhwng angen ac isho. Chdi ddudodd hynny.

FI: Dydw i ddim isho. Does gen ti ddim clem, nagoes? Mae'r hogan o dy flaen di heno wedi cymryd blynyddoedd i'w hadeiladu a'i mowldio i beth ydy hi heddiw. Falle dylsat titha fod wedi cymryd amser i feddwl am bethau dros y blynyddoedd dwetha.

FO: Tydw i ddim wedi gneud dim byd arall. Fasa byw efo atgof am un noson efo'n gilydd yn waeth na difaru peidio gneud ar ôl i mi fynd? Mae bywyd yn fyr.

FI: Ti'n mynd i drechu hwn, dwi'n gwbod.

FO: Mae gen i ofn.

FI: Mae gen ti wraig i dy gysuro di.

FO: Efo chdi dwi isho siarad.

SAIB.

FO: Dwi'n gwbod nad oes gen i hawl i ofyn dim gen ti ond mi fasa chdi'n gallu cerdded i ffwrdd wedyn

yn gwbod bod popeth wedi ei drafod a'n bod ni
wedi cymodi'n iawn.

FI: Jest fel'na, ia? Popeth yn daclus mewn bocs a tasa
chdi'n mynd yn sâl iawn mi fasa dy gydwybod
di'n glir.

FO: Falla.

FI: Iesu, ti'n anhygoel. Mae bob dim wedi ei ddeud.
Does 'na ddim mwy.

FO: Dwi wedi gobeithio yn dawel i mi fy hun ers
blynyddoedd y basa'n llwybrau ni'n croesi eto ac
y basa 'na ddyfodol i ni.

SAIB.

FO: Dim ond siarad. Dim cyffwrdd. Mi fasa hynny'n
ddigon i mi.

SAIB. Mae'r ddau ohonom yn syllu ar ein gilydd yn hir.

FI: Dos i lawr y grisiau at Lucy a'r plant.

FO: Fan hyn dwi isho bod, efo chdi.

FI: Ond maen nhw dy *angen* di.

Mae o'n gwenu.

FO: Dwi'n dal i dy garu di.

FI: Allwn ni ddim newid y gorffennol. Dy
benderfyniad di newidiodd ein dyfodol ni. Mae'n

ddrwg gen i na alla i dynnu dy euogrwydd di oddi arnat ti.

FO: Aros.

FI: Ydy fy maddeuant i ddim yn ddigon i chdi?

FO: Na.

Clywir cnoc ar y drws.

FO: Shit!

FI: Shit!

Mae'r ddau ohonom yn syllu ar ein gilydd yn fud. Cnoc arall.

MERCH (9 OED):   Dadi? Daad? Wyt ti mewn yna?

Y ddau ohonom wedi rhewi.

MERCH: Dadi? Mae Mami yn gofyn wyt ti'n iawn. Mae'n amser i ti ddeffro.

FI: (Sibrwd) Ateb hi.

FO: Sh!

MERCH: (Yn dechrau gweiddi) Dadi, wyt ti mewn yna?

FI: (Sibrwd) Blydi hel, paid â bod yn gachgi.

MERCH: Dadi?

Rydw i'n stumio 'mod i'n mynd i'r tŷ bach. Cloi y drws.

MERCH: (Dechrau ypsetio) Da-di!

SAIB.

FO: Dwi'n dod, cariad bach. Dwi'n dod.

Mae o'n agor drws y stafell.

MERCH: Ti'n iawn, Dadi?
FO: Ydw, cariad bach. Sori, blodyn, roedd Dadi yn
           cysgu'n drwm.
MERCH: Mae'r disgo'n cychwyn ac mae Mam a fi moyn
           dawnsio 'da ti. Ni wedi gofyn am Lady Gaga yn
           arbennig i ti. Dere lawr.
FO: Ddo i lawr rŵan. Dwi am folchi ac mi fydda i lawr
           yn syth ar dy ôl di.
MERCH: Na, dere nawr.
FO: Na, dos di at Mam i ddeud bo fi ar fy ffordd.
           Fydda i lawr cyn i ti gyrraedd gwaelod y grisiau
           'na.
MERCH: Ocê.
FO: Hogan dda.

Y ferch yn mynd am y drws. SAIB.

MERCH: O... mae Mam yn gofyn am Swci bach Aron, ble
           mae e?
FO: Swci bach? Ym...

Mae o'n edrych o gwmpas yr ystafell yn wyllt.

MERCH: (Yn cerdded at y tŷ bach) Falle bod e yn fan–

FO: Na! Na! Dydy o ddim yn fanna, cariad. (SAIB.) Dos i lawr a deud wrth Mam 'mod i'n chwilio am Swci bach.

Mae'n rhoi ei freichiau o gwmpas y FERCH ac yn rhoi sws fawr iddi.

FO: Ew, ti'n hogan dda, cofia. Lawr â chdi'n reit handi a fydd Dad yna – mewn chwinciad be?

MERCH: Chwinciad chwannen felen fawr.

FO: 'Na ti! Lawr â ti, 'ta.

MERCH: Paid bod yn hir, Dadi.

FO: Chwinciad chwannen.

MERCH: Ocê, Dad.

Mae'r ferch yn gadael ac mae o'n cau'r drws ac yn rhoi ei gefn yn erbyn y drws.

FO: Elli di ddod allan rŵan.

FI: (Yn agor drws y tŷ bach) Lady Gaga?

FO: Hen stori.

FI: Na, ni 'di'r hen stori. Hi a Lucy ac Aron a Swci bach a Lady Gaga ydy dy bresennol di. Oes gen ti syniad sut wnaeth hynna neud i mi deimlo? Clywed chdi yn bod yn dad.

FO: Sori.

FI: Wyt ti? Wyt ti go iawn? A pha mor sori fasat ti wrth Lucy a nhw taswn i'n deud iawn i noson i ffwrdd?

FO: Fasan nhw byth yn dod i wybod.

FI: Ffycin hel! Ti'n methu'r pwynt unwaith eto'n dwyt?

FO: Be ti'n feddwl?

SAIB.

FI: Ha! Be dwi'n feddwl? Be dwi'n feddwl? Mae gofyn y cwestiwn yna'n ateb bob dim.

FO: Dwi angen siarad gymaint. Alla i ddim dy gael di allan o 'mhen.

FI: Dwi newydd orfod gwrando arnat ti yn siarad efo dy hogan fach, ffor ffycs sêcs, yr hogan fach nest ti greu tu ôl i 'nghefn i ddeg mlynedd yn ôl. Wyt ti'n meddwl alla i gael HYNNA allan o 'mhen? Paid ti â meiddio trio'n llusgo fi yn ôl i fanna a paid â meiddio gneud yr un peth i Lucy â nest ti i mi. Dos yn ôl i lawr fanna a gafael yn dy wraig a dy blant achos mi fyddi di eu hangen nhw dros y misoedd nesa 'ma, creda di fi. O leia os wela i ti yn dawnsio i Lady Gaga efo nhw, mi fydda i'n gwbod bod y brifo wedi bod yn werth yr ymdrech.

FO: Dwi mor uffernol o…

FI: Dim chdi sy'n bwysig rŵan, cofia.

FO: Alla i ddim credu na fyddi di a fi yn –

FI: Creda fo.

SAIB. Y ddau ohonom yn syllu ar ein gilydd.

FI: Dos i lawr. Dwi angen dau funud. Mi 'na i gau'r
          drws ar fy ôl.

FO: Caru chdi.

FI: Dos!

Mae'r ddau ohonom yn syllu i fyw llygaid ein gilydd eto. Mae o'n cerdded tuag at y drws.

FI: Dwi yn gobeithio y byddi di'n gwella'n llwyr.

Mae o'n cau y drws ar ei ôl.
Rydw i'n eistedd ar y gwely'n fud. Rydw i'n dechrau crio fel nad ydw i wedi crio ers bron i ddegawd. Rydw i'n codi ac yn mynd at ddrych y tŷ bach ac yn estyn mascara o fy mag a'i roi ar fy aeliau tywyll tamp. Rydw i'n codi fy mhen ac yn cerdded allan drwy'r drws ac i lawr i ganol rhialtwch y nos.

Y DIWEDD

Hefyd o'r Lolfa:

Hanes Rhyw Gymraes

Hunangofiant

sharon morgan

yLolfa

£9.95

GWALES

CATRIN DAFYDD

'Y diwedd
oedd y
dechrau
i un dyn.'

y Lolfa

£9.99